THE OFFICIAL WIMBLEDON ANNUAL AS AUTHORIZED BY
THE ALL ENGLAND LAWN TENNIS AND CROQUET CLUB,
WIMBLEDON, ENGLAND

WIMBLEDON 1997

WELCOME
TO
WIMBLEDON

WIM
BLE
DON

PRÄSENTIERT VON

AEG MOBILE COMMUNICATION AEG

Die deutsche Ausgabe des offiziellen
WIMBLEDON-Buches 1997 wird herausgegeben von:

UFA Film- und Fernseh-GmbH & Co. KG

Verlag:
MEDIA CONSULTA Sportmarketing GmbH
Breite Straße 48–50
50667 Köln
Telefon: 0221 / 257-1000

Geschäftsführung: Harald Zulauf, Ingo Frieske

Redaktion: Tobias Gonscherowski (CvD), Jörg Schwarzwald

Text: Doris Henkel

Fotos: Paul Zimmer

Art Director: Hans-Dieter Großjohann

Satz: Andreas Klotz
MEDIA CONSULTA Satz & Layout GmbH
Belichter PRE PRESS SOLUTION Panther Plus

Lithos: Wüst Repro Service GmbH

Druck: Mohndruck GmbH

MEDIA CONSULTA®

UFA

ISBN 3-927881-77-5

Es ist stets eine Freude, für das Wimbledon-Jahrbuch das Vorwort zu schreiben, besonders diesmal, als nach dem entsetzlichen Wetter der ersten Woche zum Schluß alles noch so schön zu Ende ging.

Kurzfristig erinnern wir uns an das schlechteste Turnierwetter seit Menschengedenken. An zwei Tagen fand kein einziges Spiel statt, und an sieben Tagen regnete es.

Zum Ausgleich darf man an den überaus erfolgreichen und sehr erfreulichen „mittleren Sonntag" zurückdenken, zu dessen Gelingen alle beitrugen. Die Spieler allemal, aber auch die Mitarbeiter, die mit ihrem Organisationstalent und ihrem Einsatz dafür sorgten, daß über 31.000 Fans einen großartigen Tag erlebten.

Langfristig – so meine ich jedoch – werden die Eröffnungsfeier für den neuen Court No. 1 und die Geburt des neuen Stadions in Erinnerung bleiben. Die Champions, die an jenem Tag dort defilierten, haben Tennisfans in der ganzen Welt viel Freude gemacht – und tun es heute noch.

Das Ambiente des neuen Court und die gärtnerisch gestaltete Anhöhe sorgen für eine neue Dimension während der Championships. Zur undefinierbaren Spannung und zur Tradition des Centre Court kam ein jüngerer, frischerer Bruder hinzu, der uns ins 21. Jahrhundert führt.

Hinzu kamen die Aufregung des hervorragenden Tennis, die neuen Stars, die für ihren Ruf die Fundamente legten, und die jetzigen Stars, die ihre Größe unter Beweis stellten.

Wie erfreulich war doch das Spiel der an Nummer eins gesetzten Spieler und Sieger im Damen- und Herreneinzel, Martina Hingis und Pete Sampras! Sampras' überwältigende Leistung, nur zwei von 118 Aufschlagspielen zu verlieren, ist sicherlich ein Rekord, der Bestand haben wird.

Für Großbritannien war der Erfolg der heimischen Spieler im Herreneinzel eine besondere Freude, während in den Halbfinalspielen der Damen und Herren alle acht Spieler aus unterschiedlichen Ländern kamen – beispielhaft für den Tennissport in der heutigen Zeit.

Europa war mit Michael Stich aus Deutschland, Cedric Pioline aus Frankreich, Martina Hingis aus der Schweiz, Jana Novotna aus der Tschechischen Republik und Arantxa Sanchez Vicario aus Spanien gut vertreten.

Und schließlich stellte der fünfte Doppelsieg von Todd Woodbridge und Mark Woodforde auf dem Centre Court einen herrlichen Abschluß der 14 Tennistage dar.

Diese Glanzlichter und viele andere werden im Jahrbuch abgebildet und beschrieben. Ich hoffe, daß Ihnen dieser Bericht über die 111. Meisterschaften genausoviel Freude macht wie mir.

Wimbledon, im Juli 1997

John Curry

VORWORT

VON J. A. H. CURRY, VORSITZENDER DES ALL ENGLAND LAWN TENNIS & CROQUET CLUBS UND DES MANAGEMENT-KOMITEES DER MEISTERSCHAFTEN

Siegerlaune!
WIMBLEDON
1997
GROUND AND MARQUEE
SATURDAY 5th JULY
AEG

LANSON
DEPUIS 1760
CHAMPAGNE
Lanson
REIMS FRANCE
BRUT
AEG MOBILE COMMUNICATION
AEG

INHALT

PERFEKTE ORGANISATION. IN SEKUNDENSCHNELLE DECKEN DIE HELFER BEI REGEN DIE PLÄTZE AB

COURT NO.4
PREVIOUS SETS
PLAYER
SETS
GAMES
POINTS
Miss A.GROSSMAN
Miss K.BRANDI
Slazenger

ALS OB NICHTS GEWESEN WÄRE

NACH ZWÖLF TAGEN UNTER ERSCHWERTEN BEDINGUNGEN LÖSEN SICH ZUM ENDE DER CHAMPIONSHIPS MIT HIMMLISCHER HILFE ALLE SORGEN IN WOHLGEFALLEN AUF

MIT SCHIRM, CHARME, ABER OHNE MELONE:
VENUS WILLIAMS HATTE NOCH DIE ZEIT,
SICH DIE TOWER BRIDGE ANZUGUCKEN

Am Donnerstag der ersten Woche, abends um fünf, erschien der Oberschiedsrichter Alan Mills im Interviewraum des All England Clubs zu einer Pressekonferenz. Den ganzen Tag hatte es geregnet, alle Spiele waren ausgefallen, es hatte auch am Tag zuvor geregnet, doch was noch schlimmer war: Der Wetterbericht für die folgenden Tage verhieß weitere, ergiebige Niederschläge.

Mister Mills machte einen äußerst deprimierten Eindruck und sagte, man müsse mit allem rechnen; notfalls werde man das Turnier verlängern. Doch als er in diesem Zusammenhang von „Dienstag der dritten Woche“ sprach, da zuckten viele zusammen. Dienstag der dritten Woche – herzlichen Dank.

Am Freitag regnete es planmäßig weiter, wieder fielen alle Spiele aus, und damit war klar, daß ein Eintrag in das jährliche Kompendium des Archivars Alan Little fällig war. Zwei Tage in Folge „completely washed out“, wie es in dessen Diktion so schön heißt, so etwas hatte es zuletzt im Jahre 1909 gegeben.

Draußen saßen geduldige Tennisfans unter bunten Schirmen; sie warteten und warteten und warteten, doch sie ließen sich nicht unterkriegen. Man sah Menschen, die in strömendem Regen Picknick machten, denen das Wasser vom Rand des Schirms in den Nacken und in die Dose mit der Leberpastete tropfte – alles kein Problem. Wenn schon ertrinken, dann wenigstens mit vollem Magen und mit einem Glas in der Hand. Cheerio.

Rückstand im Turnierplan an diesem Abend: 252 Spiele, so viele wie niemals zuvor zu einem vergleichbaren Zeitpunkt. Obwohl auch für das Wochenende keine Besserung in Sicht war, ließ sich die Entscheidung nun nicht mehr umgehen, am heiligen Sonntag die Tore zu öffnen, zum zweitenmal nach 1991. Hoff-

Bei dem schlechten Wetter mochte Chris Woodruff gar nicht mehr hinsehen

nungsfrohe Schlagzeile zum Wochenende: „It only gets wetter."

Doch dann blieb es zwei Tage trocken. Samstagnachmittag gegen drei war die erste Runde der Herren komplett, drei Stunden später auch die der Damen, und auch am Sonntag gab es auf allen Plätzen volles Programm. Doch die Miene des geplagten Mister Mills hellte sich nur allmählich auf. Immer noch war noch nicht mal ansatzweise abzusehen, wohin er mit all den überfälligen Partien im Doppel und Mixed ausweichen sollte.

Doch schon nahte das Ende der zweitägigen Trockenzeit. Statt dessen hier mal ein Schauer, da mal ein Schauer, Planen rauf, Planen wieder runter, und für die Spieler gab es keine freien Tage mehr. Für jene, die im Einzel, Doppel und Mixed im Wettbewerb waren, blieb kaum noch Zeit, die Kleider zu wechseln.

Inzwischen war es Donnerstag. Die beiden Halbfinalspiele der Damen, normalerweise Mittelpunkt dieses Tages, gingen fast unter als Rahmenprogramm des Viertelfinales der Herren. Dann litten die Briten – innerhalb kurzer Zeit schieden Tim Henman und Greg Rusedski aus –, und als man dachte, das Schlimmste sei nun vorbei, sagte Boris Becker mal eben im Vorübergehen: „Das war's hier für mich." Ein chaotischer Tag mit allem, was dazugehört, und als Schlagzeile zum Wochenende: „It can't get sadder.".

Doch plötzlich, mit himmlischer Hilfe, lösten sich alle Probleme in Wohlgefallen auf. Am Samstag kam die Sonne heraus, Martina Hingis gewann planmäßig den ersten Titel, und der unendlich erleichterte Alan Mills wurde zum zweitenmal Großvater. Am Sonntagmorgen kam der Sommer, Vögel zwitscherten, die Picknickwiese füllte sich. Ebenfalls planmäßig gewann Pete Sampras, und als abends gegen neun als letzte auch die Sieger im Mixed feststanden, da war das kaum Faßbare geschehen: Amerikanische Roboter nach sieben Monaten Reise auf dem Mars gelandet, Wimbledon nach zwei Wochen pünktlich zu Ende. Wer sagt's denn.

EINE VIDEOLEINWAND MACHT´S MÖGLICH:
DIE TENNISFANS WERDEN AUCH BEI REGEN BESTENS UNTERHALTEN

Vor allem in der ersten Woche fielen die Matches dem Regen zum Opfer

EINE EWIGKEIT VON 13 JAHREN

BORIS BECKER VERABSCHIEDET SICH IN WIMBLEDON VON JENEM ORT, AN DEM ALLES BEGANN UND DER IHM VON ALLEN AM MEISTEN BEDEUTET

Standing Ovations in der Royal Box: Boris begeisterte einfach alle

Es war Donnerstag, der 3. Juli, und wieder mal tat ihm morgens jeder Knochen weh. Das war er gewohnt; bei einem solchen Turnier mit Schmerzen zu spielen und zu leben, gehörte auf dem Weg zu einem Titel irgendwie dazu. Aber in diesem Moment ging es nicht mehr um einen Titel. Am Morgen des 3. Juli wußte Boris Becker längst, daß das letzte Spiel auf Wimbledons Centre Court auch das letzte große Spiel seiner Karriere sein sollte, und er spürte, daß es nun wohl soweit war. Es war sinnlos, sich Illusionen zu machen; er in dieser Form würde keine Chance haben gegen den Besten der Besten.

Er hätte was dafür gegeben, bei diesem Viertelfinalspiel, das später am Nachmittag beginnen sollte, noch einmal so in Form zu sein wie bei der letzten Begegnung mit Pete Sampras im November '96. Seinerzeit in Hannover hatte er im Finale der ATP Tour-Weltmeisterschaft, ebenso wie Sampras, wie ein junger Gott gespielt, und es war eine Sternstunde des Tennis geworden. 10.000 Zuschauer in der Halle und Millionen an den Bildschirmen hatten sich mitreißen lassen und sie schwärmten noch lange danach von diesem Erlebnis. Damals hatte er, in grenzenloser Euphorie, gesagt, dieses Spiel habe ihn wieder hungrig gemacht; er sei bereit zu neuen Taten.

Doch dann folgte, zwei Monate später, die Niederlage in der ersten Runde der Australian Open gegen den Spanier Carlos Moya. Es war nicht so, daß er schlecht gespielt hätte an jenem Tag im Januar; doch die Sonne brannte vom Himmel, das Thermometer näherte sich der 40-Grad-Marke, und mitten in diesem australischen Backofen wurde ihm auf einmal klar, daß er keine Reserven mehr besaß. Gegen einen fast zehn Jahre jüngeren, frischeren Mann konnte er bei aller Leidenschaft, bei allem Können, bei aller Erfahrung letztlich nichts ausrichten. Er gehörte nicht mehr dazu.

Diese Erkenntnis traf ihn zunächst wie ein Schlag, doch dann sah er den Dingen ins Auge. Seit jenem trüben Juni-Samstag 1996, an dem er sich im Spiel der dritten Wimbledon-Runde am Handgelenk verletzt hatte, wußte er: Von heute auf morgen kann alles vorbei sein. Versuch, daß du die Entscheidung zum Aufhören triffst und nicht dein Körper. Doch dieser Körper gab nun wieder ein Signal, und das lautete: Junge, vergiß die großen Turniere. Zwei Wochen bei einem Grand Slam hältst du nicht mehr durch.

Noch in Melbourne erklärte Becker seiner Frau: „Barbara, es macht keinen Sinn mehr. Wir müssen jetzt irgendwie die sechs Monate bis Wimbledon überbrücken." Wimbledon, das Zauberwort, denn soviel war klar: Es konnte nur einen Ort geben, an dem er sich in gebührender Form von der Welt des großen Tennis verabschieden würde - jenen Ort, an dem alles begonnen hatte.

Denn selbst nach so vielen Jahren hatte sich nichts geändert. Wenn er die Augen schloß, war es ganz leicht, sich vorzustellen, er sei auf Wimbledons

„REALLY?" FRAGTE EIN ÜBERRASCHTER PETE SAMPRAS.
BECKER HAT IHM GERADE VON SEINEM WIMBLEDON-RÜCKTRITT ERZÄHLT

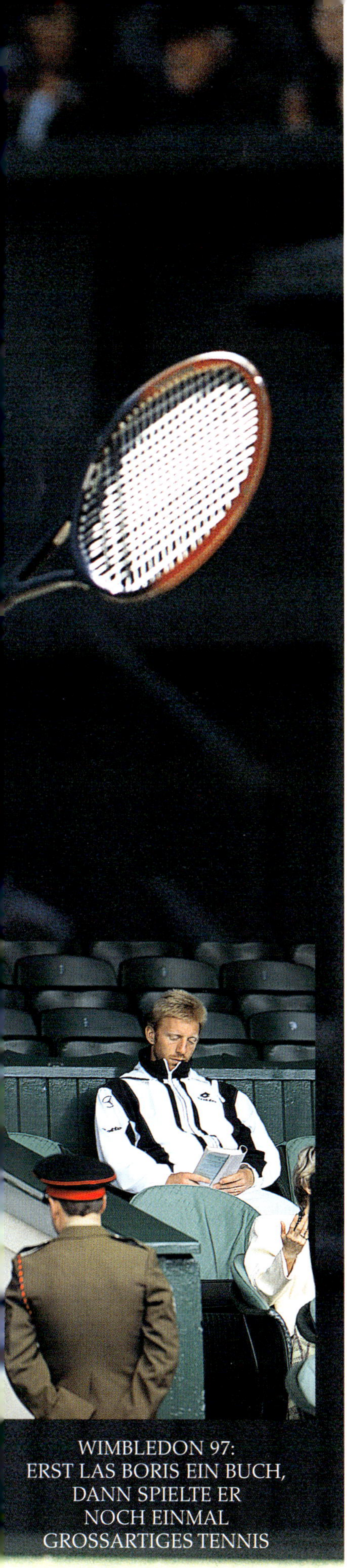

WIMBLEDON 97:
ERST LAS BORIS EIN BUCH,
DANN SPIELTE ER
NOCH EINMAL
GROSSARTIGES TENNIS

Centre Court. Da kannte er jeden Quadratzentimeter des Rasens, da fühlte er sich zu Hause, und um dieses Zentrum kreisten seine Gedanken. „Auf Wimbledons Centre Court ist der Spieler Becker noch ein bißchen besser als anderswo", hatte er 1995 mal gesagt, und von Barbara Becker stammte der bezeichnende Satz: „Für Boris gibt es nur drei Jahreszeiten: Die Zeit vor Wimbledon, Wimbledon und die Zeit nach Wimbledon."

Doch er liebte den Ort auch aus Gründen, die weitab von Triumph oder Niederlage lagen. In den heiligen Hallen hatte er bisweilen das Gefühl, die Zeit sei stehengeblieben. Wenn er wollte, konnte er wieder 17 sein oder 20 oder 25, und zu jedem Alter gab es ein passendes Bild. Auf vielen Bildern hielt er einen Pokal im Arm, und das machte die Gedanken noch schöner.

Niemand außer seiner Frau wußte von dem Plan, daß nun, bei den 111. Championships, Schluß sein sollte. Traf er Leute, die damit spekulierten, nach einem vierten Wimbledonsieg werde er doch wohl sofort zurücktreten, dann antwortete er: „Ja, das habe ich mal gesagt. Gewinnen und aufhören ist doch der Traum von uns allen. Aber warum sollte ich das jetzt tun?"

Er wußte genau, warum. Mit einigem Bangen sah er der Auslosung für das Turnier entgegen; er stand zu diesem Zeitpunkt auf Platz 18 der Weltrangliste und war sich im klaren darüber, daß von seiner Position in der Setzliste eine Menge abhängen würde. Das Komitee gab ihm Platz acht, Becker war dankbar und erleichtert, denn er wußte: Nach Lage der Dinge würde er im Viertelfinale auf die Nummer eins treffen, das war Pete Sampras, und eben dieses Spiel war fortan sein Ziel.

Souverän gewann er vier Runden in Folge, gab nicht einen einzigen Satz ab und hoffte, damit so viel Kraft zu sparen, daß er für Pete Sampras bereit wäre. Dann kam der Morgen des Viertelfinales, und alles tat ihm weh, doch natürlich gab er den Gedanken an einen Sieg noch nicht auf. Konnte man wissen, was passieren würde? War Pete Sampras womöglich genauso kaputt wie er?

Das Spiel begann, schnell lag Becker 1:3 zurück, ehe es zu regnen begann. Doch diese wenigen Ballwechsel genügten, um ihm klarzumachen, daß Sampras guter Dinge und ziemlich fit war. Die Pause dauerte lange genug, um die Dinge noch einmal zusammenzufassen: Auf einen Erfolg gegen den anderen dreimaligen Sieger deutete nicht allzuviel hin, aber er wollte noch einmal zeigen, daß er den Besten der Welt herausfordern konnte. Zumindest für eine kurze, überschaubare Zeit.

Mit diesen Gedanken im Kopf ging er hinaus auf die Ehrentribüne, um ein wenig Ruhe zu haben und um sich noch einmal umzusehen. Er nahm ein Buch mit und sah hinein, aber ob er auch nur eine Zeile wirklich las? Natürlich entdeckte man ihn, denn er saß da ja in aller Öffentlichkeit, doch niemand hatte eine Ahnung, was das wirklich zu bedeuten hatte.

Wieder mal schaffte er, was er sich vorgenommen hatte. In einem Kraftakt, durchsetzt mit

EIN LETZTER GRUSS:
BORIS BECKER
VERABSCHIEDET SICH
VOM CENTRE COURT

kleinen Glanzlichtern, gewann er dann den zweiten Satz, ließ die Leute auf den Rängen noch einmal zittern und nährte für eine schöne halbe Stunde die Hoffnung, er habe gegen Pete Sampras vielleicht noch einmal eine Chance.

Aber als die Uhr 6.31 Londoner Zeit zeigte, war das Spiel vorbei. Eine Minute später wußte Pete Sampras Bescheid, und er konnte kaum glauben, was er da hörte. „Das war's hier für mich", verriet ihm Becker, „das war mein letztes Spiel." Eine halbe Stunde später erfuhr es der Rest der Welt. Zu einem Zeitpunkt, an dem Sampras noch immer irgendwie unter Schock stand. „Wimbledon und Boris", sagte er, „das hat doch immer zusammengehört. Du brauchtest ihn nur auf der anderen Seite des Netzes zu sehen, und schon warst du bereit."

Nun war Becker bereit – zu einem anderen Leben. Abends saß er wieder auf dem taubenblauen Sofa des angemieteten Hauses, ein paar Minuten Fußweg von der Anlage entfernt. Im gleichen Haus, in dem er 1996 nach der Verletzung und nach einer Nacht voller Schrecken mit verbundenem Arm erschienen war, und im gleichen Haus, in dem er 1991 mit verwundeter Seele belegte Brote für den Sieger Michael Stich serviert hatte.

Doch diesmal ging es ihm gut; er redete lange und lächelte oft, und er sagte: „Ich bin erlöst, daß die Entscheidung gefallen ist. Ich fühl' mich jetzt frei. Ich habe immer gehofft, daß ich heil aus allem rauskommen werde, und das hab' ich geschafft."

Am Freitag, dem 4. Juli, ging er noch einmal zur Anlage, und zum Zeichen, daß der Spieler Becker Wimbledon verlassen hatte, trug der Privatmann Becker einen Anzug. Er kehrte in den berühmten Umkleideraum „A" zurück, den sich die Mitglieder des All England Clubs in der Zeit der Championships mit den gesetzten Spielern teilen. Er räumte seinen Spind aus, und natürlich dachte er dabei noch einmal an die vielen Stunden seines verrückten Lebens, die er in diesem Umkleideraum verbracht hatte.

Doch er wußte, daß er auch als Privatmann an diesem Ort jederzeit willkommen war. Im Klub waren sie immer hocherfreut, wenn einer ihrer Sieger auf einen Sprung vorbeikam, und das gehörte zu jenen Dingen, die Becker in Wimbledon besonders mochte. Denn längst hatte er erkannt: „Hier ist keiner wichtiger als das Spiel."

Wimbledon würde auch den Abschied seines dreimaligen Siegers Boris Becker verkraften, soviel war klar. Aber ebenso klar war, daß man ihn vermissen würde an diesem Ort, mehr als an jedem anderen. Diesen Kerl, der als ungestümer, altkluger Teenager gekommen war, und der nun, nach einer kleinen Ewigkeit von 13 Jahren, fand, es sei genug.

Der zum Schluß viele Sätze sagte, an die man sich noch eine Weile erinnern würde, und an einen davon ganz besonders. Der ging so: „Keiner weiß, wie schön es war, und keiner weiß, wie schwer es war."

Um ihm nachzuweinen, genügte von allem bloß eine Ahnung. Eine kleine, traumschöntraurige Ahnung.

BORIS BECKERS LETZTE VERBEUGUNG VOR SEINEM PUBLIKUM

TRÄNEN REGEN SONNE GLÜCK

MARCELO CHARPENTIER VERSUCHTE
ES MIT LILAFARBENEN HAAREN,
ANDERE WIE MARK PHILIPPOUSSIS MIT
KANONENAUFSCHLÄGEN; GENUTZT HAT ES NICHTS.
BEIDE SCHEITERTEN BEREITS IN RUNDE 1.

Was macht einer, der zum erstenmal in seinem Leben in Wimbledon spielen darf, der erfährt, daß er gegen den Titelverteidiger auf dem Centre Court antreten wird, der versucht zu trainieren, aber nur ein paar Minuten trainieren kann, weil es regnet, regnet, regnet? Nun, der wartet auf das Ende des Regens, geht hinaus auf den sagenumwobenen Centre Court und tut, was er kann.

So jedenfalls war es bei Marcello Craca, 22, aus Bad Wildbad, im Eröffnungsspiel der 111. Championships gegen den Niederländer Richard Krajicek. Ohne äußere Zeichen von Nervosität, spielfreudig und selbstbewußt machte Craca ungeachtet seiner Niederlage (6:7, 2:6, 4:6) Werbung in eigener Sache.

Was diesem Auftakt folgte, war eine bunte erste Runde und mittendrin das Duell der Kanoniere. Mark Philippoussis gegen Greg Rusedski – der eine aktueller Inhaber des sogenannten Aufschlag-Weltrekordes (229 km/h), der andere dessen Vorgänger (225 km/h), der eine Sieger des Rasenturniers im Londoner Queen's Club, der andere Sieger ein paar Tage zuvor in Nottingham, beide stark und gut in Form.

Nun, es wurde erwartungsgemäß kein Spiel für Freunde des filigranen Tennis', und wer deshalb gelegentlich die Augen schloß, der hörte, wie es fortwährend knallte. Und wie so oft, wenn sich Männer mit mächtigem Aufschlag gegenüberstehen, fiel die Entscheidung im Tie-Break. Den ersten gewann Rusedski, der in Kanada geborene Brite, und den zweiten gewann er auch, doch eigentlich war es eher so, daß er diesen zweiten von Philippoussis geschenkt bekam.

Der führte bei eigenem Aufschlag 6:2, hatte mithin vier Satzbälle, doch er nutzte weder den ersten noch den zweiten noch den dritten. Als er sich beim vierten zum Aufschlag reckte, lag schiere Panik in seinem Blick. Es folgte ein Doppelfehler zum 6:6, ein zweiter zum 6:7, dann schoß er einen Vorhandball ins Netz, und damit war sein Schicksal besiegelt.

Beim Stand von 6:7, 6:7, 1:3 wurde die Partie vertagt, niemand gab mehr einen Pfifferling für Philippoussis, und er selbst tat es wohl auch nicht. Lange nachdem er auch den dritten Satz und damit das Spiel verloren hatte, fiel es ihm noch schwer, über den fatalen Blackout zu sprechen. „Ich hätte mir mehr Zeit lassen sollen", sagte er, „und ich bin so enttäuscht über die Art, wie ich mich da verhalten habe." Als er erklären sollte, wie er sich denn verhalten habe, setzte er zu einer Antwort an, aber es fehlten ihm die Worte, und so wischte er sich bloß ein paar Tränen aus den Augen.

Philippoussis war der erste von vier Gesetzten, die es in Runde eins erwischte. Dem Australier (Nr. 7) folgten Michael Chang (5), der in der längsten Partie in fünf Sätzen und fast vier Stunden dem Doppelspezialisten Todd Woodbridge unterlag; es folgten der Schwede Jonas Björkman, der in der Auslosung die Position des verletzten Thomas Muster übernommen hatte und deshalb als

FRENCH OPEN-CHAMPION GUSTAVO KUERTEN
KANN ES NICHT FASSEN. ER VERLOR SEIN AUFTAKTMATCH GEGEN
JUSTIN GIMELSTOB IN FÜNF SÄTZEN

GLÜCKLOSER AUFTRITT AUF DEM CENTRE COURT: VENUS WILLIAMS UNTERLAG DER POLIN MAGDALENA GRZYBOWSKA

Nummer 17 geführt wurde, und auch der neue Liebling aller Tennisfreunde, Gustavo Kuerten aus Brasilien (Nr. 11), verlor und schied aus.

Vielleicht lag es daran, daß Freund Gustavo am ersten Tag seiner Partie gegen den Amerikaner Justin Gimelstob keines seiner berühmten bunten Bandana-Tücher trug wie beim sensationellen Titelgewinn bei den French Open. Weil er dachte, auch für den Kopfputz gelte Wimbledons zeitlose Kleiderordnung mit dem Grundsatz „überwiegend weiß" erschien er zunächst mit einer blütenweißen Baseball-Kappe, unter der er seine Locken versteckte.

Zugegeben, ein wenig war er wohl auch verwirrt von der Angriffslust seines bulligen Gegners, der sich am Netz hechtete wie ein Verrückter und demonstrierte, was man bei einem Spiel auf Rasen alles anstellen kann. Als die Partie wegen schlechten Wetters vertagt werden mußte, lag der Neuling aus Brasilien in Sätzen 0:2 im Rückstand, und es deutete nicht allzuviel auf einen möglichen Sieg hin.

Doch am nächsten Tag schien die Sonne, Kuerten hatte herausgefunden, daß farbige Bandanas sehr wohl erlaubt sind, er ließ die Locken frei, und irgendwie fand er auch größere Freiheit im Spiel. Dank eines Doppelfehlers seines Gegners gewann er Satz drei und im Sauseschritt auch Satz vier, und da sah es ganz so aus, als sollte die Geschichte des liebenswerten großen Jungen märchenhaft weitergehen.

Gimelstob wehrte sich mit aller Kraft, aber im entscheidenden Moment gab es für ihn kaum noch etwas zu tun. Kuerten lag im fünften Satz 4:5 zurück, als er einen kinderleichten Volley vermasselte, dem Gegner damit einen Matchball schenkte und diesem ersten kleinen Geschenk ein weitaus größeres in Form eines Doppelfehlers folgen ließ.

Gustavo, genannt Guga, sah sich das Ergebnis an – 3:6, 4:6, 6:4, 6:1, 4:6 – doch er grämte sich nicht. Er sagte: „Ich hoffe, daß ich heute was gelernt habe, und Spaß hat es sowieso gemacht." Dann lächelte er wieder auf seine rührend unbeschwerte Art, und man fand ihn auch als Verlierer toll.

Was sonst noch geschah in der bunten Abteilung der ersten Runde zwischen Regen und Sonne? Pete Sampras gewann das 150. Grand Slam-Spiel seiner Karriere souverän in drei Sätzen gegen den gewiß nicht schwachen Schweden Mikael Tillstrom; der Spanier Carlos Moya näherte sich mit seinem ersten Sieg bei den Championships seinem Plan, eines Tages auch ein guter Rasenspieler zu sein; der Schweizer Marc Rosset ging nach einem Kopftreffer zwar fast k.o., ließ sich aber nicht verwirren und gewann, und Tim Henman machte sich mit einem standesgemäßen Sieg verdient um die Einweihung des neuen Courts No. 1.

In der deutschen Abteilung gab es erfreulich viel Licht und nur ein bißchen Schatten. Würdevoll und in angemessener Form besiegte Boris Becker einen Spanier mit dem wunderbar klassischen Namen Marcos Aurelio Gorriz (6:3, 6:2, 6:3); Michael Stich ließ dem alten Rivalen Jim Courier keine Chance in einer Partie, die von auffällig

MICHAEL STICH (LI.) UND
JIM COURIER NAHMEN SICH
ZEIT FÜR EIN SCHWÄTZCHEN IN
ENTSPANNTER ATMOSPHÄRE

MICHAEL CHANG LIEFERTE TODD WOODBRIDGE EINEN GROSSEN KAMPF ÜBER FÜNF DRAMATISCHE SÄTZE

freundschaftlicher Atmosphäre getragen war (7:6, 7:5, 7:6), und Thomas Haas, mit gerade 19 Jahren jüngster der gesamten Konkurrenz, brauchte nicht mehr als 70 Minuten für seinen klaren Sieg gegen den Norweger Christian Ruud (6:2, 6:1, 6:2) – schneller war keiner. Die Bilanz: acht von zwölf Deutschen bereit für Runde zwei, so viele wie seit Jahren nicht mehr.

Und auch in jener Abteilung, die in Wimbledon so blumig „The Ladies' Singles Championship" heißt, gab es Grund zur Freude. Ach, was heißt Freude – für Andrea Glass, 20, war es einfach ein wunderbares Erlebnis, gegen eine Spielerin wie Ruxandra Dragomir aus Rumänien zu gewinnen. Gegen eine, die knapp drei Wochen zuvor noch im Halbfinale der French Open gestanden hatte, die unmittelbar vor Beginn der Championships beim Rasenturnier in Rosmalen den Titel gewonnen hatte und die schließlich an Nummer 15 gesetzt worden war.

Beinahe wäre die Sache noch schiefgegangen, denn als Andrea Glass bei 5:4-Führung und eigenem Aufschlag im dritten Satz die Chance zum Matchgewinn nicht nutzen konnte, da sah es so aus, als fehlte ihr wieder das nötige Selbstvertrauen zum Sieg. Doch diesmal blieb sie standhaft, steckte jeden Rückschlag weg und griff mit druckvollen Vorhandschlägen an, wann immer sich die Chance bot. So gewann sie schließlich nach fast zweieinhalb Stunden 5:7, 6:2, 10:8 und zog damit ebenso in die zweite Runde ein wie Anke Huber und Barbara Rittner, und beinahe hätte auch Wiltrud Probst zu den Erfolgreichen gehört. Doch mehr als der Gewinn eines Satzes gegen die Tschechin Jana Novotna war letztlich nicht drin.

Aber auch die Favoritin mußte sich plagen. Martina Hingis, Erste der Weltrangliste und in Abwesenheit der verletzten Steffi Graf auch an Nummer eins gesetzt, spielte gegen eine 22 Jahre alte Qualifikantin aus Luxemburg namens Anne Kremer, und niemand hätte sich vorstellen können, daß diese Partie mehr als eineinhalb Stunden dauern würde. Doch Anne Kremer hielt es wie Marcello Craca mit dem Motto: Nutze deine Chance. In kraftraubenden Duellen von Grundlinie zu Grundlinie ging sie jedes Tempo mit und verhalf Martina Hingis zu einer ausgedehnten Übungsstunde unter voller Belastung. Was die Schweizerin von diesem Test hielt, erfuhr man nach dem Sieg (6:4, 6:4), als sie sagte: „Das war ein schönes, enges Spiel."

Die anderen, aussichtsreichen Kandidatinnen auf den Gewinn des Titels taten sich leichter: Mary-Joe Fernandez gab beim Sieg gegen die Französin Noelle van Lottum vier Spiele ab, Monica Seles gegen die Australierin Rachel McQuillan gerade zwei und Arantxa Sanchez Vicario gegen die Engländerin Clare Wood nicht ein einziges.

Zwei Wochen nach ihrem Titelgewinn bei den French Open in Paris freute sich Iva Majoli diebisch über einen Dreisatz-Erfolg gegen die weltberühmte Argentinierin Mariana Diaz-Oliva. Naja, in Wahrheit freute sich sich vor allem über ihren ersten Sieg auf Rasen nach mehreren vergeblichen Versuchen, und sie sagte: „Das ist wie ein Traum."

WENIGSTENS EIN EHRENSPIEL
GELANG DER SLOVAKIN
HENRIETA NAGYOVA.
SIE WAR GEGEN IRINA SPIRLEA
CHANCENLOS.

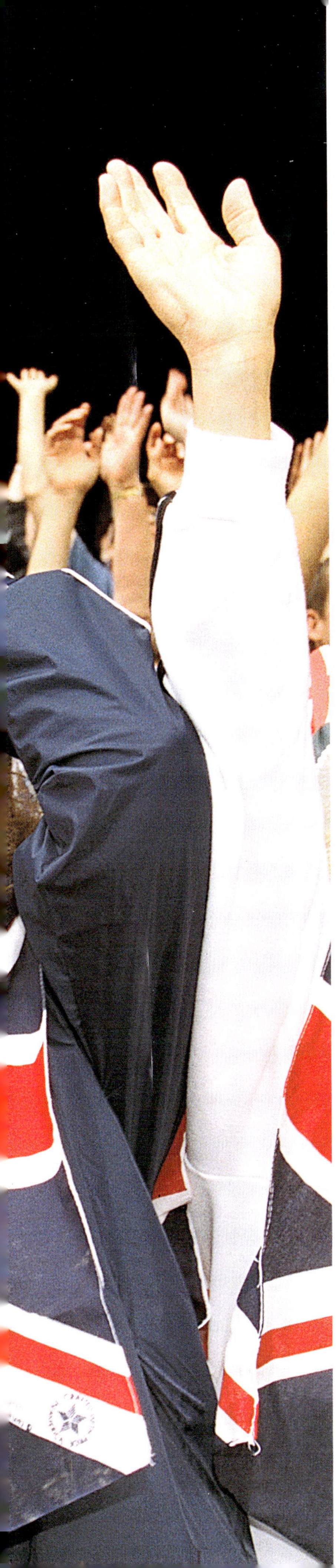

NACH DREI SCHRECKLICH NASSEN TAGEN WIRD ENDLICH WIEDER TENNIS GESPIELT. DIE ZUSCHAUER FREUEN SICH ÜBER DEN SIEG VON TIM HENMAN UND ÜBER EINE GESANGSEINLAGE VON JOHN MCENROE

PLANEN HOCH UND VORHANG WIEDER AUF

Nach zwei schrecklich nassen Tagen wird endlich wieder Tennis gespielt, und zum zweitenmal in der Geschichte fällt der heilige Sonntag.

Es war Freitagabend, und natürlich standen Zelte auf dem Fußweg entlang der Church Road. Da saßen gutgelaunte junge Menschen, und die Vorbeieilenden staunten mal wieder. Was die Leute wohl dazu trieb, nach zwei Tagen Dauerregen bei immer noch lausigem Wetter eine Nacht auf der Straße zu verbringen? In der vagen Aussicht, eine Eintrittskarte zu ergattern, die mit der vagen Aussicht auf ein Tennisspiel verbunden war?

Als die Zelte zusammengelegt und eingepackt waren am Samstagmorgen, regnete es noch immer, doch es fielen kaum noch Tropfen, und kurz vor Mittag hatte der Himmel endlich ein Einsehen. Er bescherte Wimbledon ein ganz und gar ungewöhnliches Wochenende, das mit den berühmten Worten aus dem Lautsprecher begann: „If there is no further rain, the covers will be removed ..." Die Zauberformel, fast schon vergessen: Vorhang wieder auf und Planen hoch!

Zur Lunchtime war es soweit; unter dem Jubel der Zuschauer marschierten Ballkinder und Linienrichter auf, und wenig später betraten die sehnlichst erwarteten Spieler den Platz. Ob man dem Frieden trauen sollte? Immer noch ballten sich dunkelgraue Wolken am Himmel, aber da war auch jener hellgraue Streifen am Horizont, der die Wolken irgendwie fernhielt. Dieser Streifen verschwand bis zum Abend nicht, und er war mehr als nur ein Hoffnungsschimmer – Wimbledon spielte wieder Tennis.

Es folgten acht Stunden mit Hochbetrieb auf allen Plätzen, und Statistikern fielen die Stifte aus der Hand. 88 Spiele standen an diesem Samstag auf dem Programm, inklusive jener 21, die schon am Mittwoch begonnen hatten, und 70 waren schließlich fertig, als es abends dunkel wurde. Innerhalb eines Tage hatte sich eine scheinbar aussichtslose Situation in eine ansatzweise überschaubare Situation verwandelt, zur Begei-

sterung von mehr als 30.000 Zuschauern, deren Sehnsucht nach ein wenig Tennis nun endlich gestillt wurde.

Und mitten in diesen zweiten Frühling hinein platzte die erwartete Mitteilung des All England Clubs, zum zweitenmal in der Geschichte der Championships den heiligen Sonntag zu opfern. Die Nachricht sprach sich in Windeseile herum, und sie lockte das Volk in Massen nach Wimbledon. Am Sonntagmorgen gegen neun wand sich die Schlange der Wartenden kilometerweit in Linien durch den Wimbledon Park bis hin zur gleichnamigen U-Bahn-Station. Es war eine fröhliche, gutgelaunte Schlange auf einer morastigen Wiese, die sich den Toren des Clubs in der Hoffnung auf Einlaß näherte. 11.000 Karten für den Centre Court waren im Angebot, 10.000 für Court Number one und für die restlichen Plätze 6.500 Karten, allesamt nagelneu und frisch gedruckt.

Pünktlich um zehn gingen die Tore auf, eine halbe Stunde später rollte zum erstenmal „la ola" über die Ränge des Centre Courts, und die jungen Leute ließen es sich gutgehen. Sie sahen sich eine Zeitlang alles an, applaudierten höflich bis engagiert, doch man spürte, daß sie auf ein bestimmtes Spiel, auf eine bestimmte Person, warteten. Als Tim Henman dann schließlich an der Seite des Niederländers Paul Haarhuis den Centre Court betrat, wachten sie auf.

In den folgenden vier Stunden sangen und jubelten sie, hielten die Luft an und brüllten ihre Erleichterung heraus. Mit voller Leidenschaft vereinigten sie Wimbledon und Wembley, und sie gaben Henman das Gefühl, an diesem Nachmittag ganz allein Englands Nationalteam zu sein. Und als Timmy gewann, schwappte der Jubel in hohem Bogen aus dem ehrwürdigen Stadion heraus.

Der Held des Tages sagte später: „Es war ein unbeschreibliches Gefühl. Ich wünschte, diese Leute würden alle wiederkommen." Da wußte er, daß er ihre Gesänge so schnell nicht vergessen würde und auch nicht ihre Rufe wie Donnerhall: HEN-MAN, HEN-MAN.

ANNA KOURNIKOVA (BILDMITTE) KÄMPFT ERST BARBARA RITTNER NIEDER UND SICH DANN DURCH DIE ZUSCHAUERMASSEN.

46 ASSE UND DOCH KEIN SIEG

AUF MARTINA HINGIS IST VERLASS, DOCH DER AN NUMMER ZWEI GESETZTE KROATE GORAN IVANISEVIC SCHEITERT IN EINEM VON VIELEN FÜNFSATZ-KRIMIS IN RUNDE ZWEI

Früher hieß es manchmal, sie spiele Tennis wie ein Prinzeßchen; leicht, beiläufig siegend, selbstverständlich überlegen. An den Attributen ihres Spiels hatte sich nichts geändert, doch aus den Kleidern des Prinzeßchens war sie innerhalb eines Jahres herausgewachsen. Inzwischen wollte sie mehr, konnte sie mehr, durfte sie mehr – als Erste der Weltrangliste.

Die erste Runde jedenfalls war bei weitem noch nicht beendet, als Martina Hingis schon die nächsten Schritte in der zweiten machte. In der Partie gegen die in London lebende Weißrussin Olga Barabanschikova war der Favoritin kaum anzumerken, daß sie in den Tagen des Regens ihren Rhythmus verloren haben könnte. Im Gegenteil. Sie war froh darüber, daß es endlich weitergehen konnte, und sie war daran interessiert, möglichst keine weitere Zeit zu verlieren. Nach 53 Minuten stand der erwartete Sieg gegen die ein Jahr ältere Blondine Olga fest (6:2, 6:2), und während sich die anderen noch plagten, erreichte das Fräulein Hingis standesgemäß mit Vorsprung Runde drei.

Dann kam Anna. Anna Kournikova, geboren in Moskau, aufgewachsen und von der Sonne verwöhnt in Florida, ebenso keck wie kokett. Als Barbara Rittner zum Spiel gegen die 16 Jahre alte Russin auf den Platz ging, da wußte sie, daß sie von vielen guten Wünschen ihrer Kolleginnen begleitet wurde, und eine Stunde lang sah es so aus, als sollte die moralische Unterstützung etwas nützen.

Nach gewonnenem ersten Satz führte Rittner auch im zweiten und schlug nach zwei Breaks beim Stand von 5:1 zum Matchgewinn auf. Zwar vergab sie diese Chance, doch bei 5:3 schlug sie wieder zum Sieg auf, und diesmal hatte sie zwei Matchbälle. Den ersten wehrte Kournikova mit entschlossenem Angriff ab, den zweiten vergab Rittner selbst, und sie verlor auch dieses Aufschlagspiel. Und als kurz danach auch der dritte Matchball beim Stand von 6:5 zu keinem Ergebnis führte, witterte Anna Kournikova Morgenluft. Das Nervenspiel des Tiebreak gewann die jüngere, unerfahrenere Spielerin, und die reckte das nette Näschen nun verständlicherweise wieder ganz schön hoch.

Eine gute halbe Stunde später beendete Kournikova das Spiel, und Barbara Rittner wußte ziemlich gut, daß sie ihren Teil dazu beigetragen hatte. Daß sie hinterher meinte, die junge Russin benehme sich manchmal wie eine Königin, obwohl sie doch im Spiel längst noch nicht so gut sei, wollte zur eigenen Leistung nicht so recht passen.

Anke Huber gewann schnell und problemlos gegen die Südafrikanerin Joanette Kruger (6:2, 6:0), für Andrea Glass aber folgte dem hoffnungsvollen Auftakt schnell die Ernüchterung. Schon in der Endphase des Spiels gegen Ruxandra Dragomir in der ersten Runde hatte sie sich wegen einer Oberschenkelzerrung behandeln lassen, und die Verletzung war in den Tagen der erzwungenen Pause nicht besser geworden. Schweren Herzens gab sie schon nach wenigen Minuten gegen Alejandra Vento aus Venezuela auf, und damit endete eine kleine Geschichte, die gerade erst begonnen hatte.

Die Qualifikantin Karen Cross sorgte für Aufsehen. Sie erreichte Runde 3.

OLGA BARABANSCHIKOVA
WEHRTE SICH NACH KRÄFTEN
GEGEN MARTINA HINGIS

Magnus Norman entzauberte den König der Asse. Dabei hüpfte sein Herz nicht nur vor Freude

Doch in dieser Runde paßte manches nicht zusammen. Die lange Lindsay Davenport zum Beispiel, an Nummer fünf gesetzt, spielte gegen eine 18 Jahre junge Tschechin namens Denisa Chladkova und machte dabei die Erfahrung, daß man sich besser über die eigene Form als über die der Gegnerin Gedanken machen sollte. Davenport ließ sich überraschen von Chladkovas druckvollem Spiel, und so verlor sie zum zweitenmal in Folge in der zweiten Runde der Championships. Die junge Tschechin feierte im dritten Grand Slam-Turnier ihres Lebens einen gelungenen Einstand auf dem Rasen Wimbledons.

Davenport (Nummer 5) war eine von drei gesetzten Spielerinnen, die nach dem großen Regen scheiterten. Die Österreicherin Barbara Paulus (16) verlor, und auch Amanda Coetzer (6), die schnellste Maus Südafrikas, rannte diesmal vergeblich. Kaum drei Wochen nach ihrem Erfolg bei den French Open, wo sie das Halbfinale erreicht hatte, landete Coetzer nun wieder auf dem grünen Boden der Tatsachen. In der Partie gegen die aparte Patricia Hy-Boulais, Achtelfinalistin des Vorjahres, hatte sie keine Chance und schied damit im achten Versuch bei den Championships zum sechstenmal in Runde zwei aus. Was irgendwie auch nicht verwunderlich war; wenn man aus Hopstaad in Südafrika stammt, einer heißen, staubigen Gegend im Norden des Landes, dann muß man sich fremd fühlen im feuchtkalten, britischen Sommer.

Mit Mühe setzte sich Monica Seles in der Partie gegen die 20 Jahre alte Amerikanerin Kristina Brandi durch, einen Satz verlor Jana Novotna gegen Elena Likhovtseva, und ebenfalls eine kleine Ehrenrunde leistete sich Mary Pierce beim Sieg gegen die Spanierin Virginia Ruano Pascual. Wer an Äußerlichkeiten interessiert war, dem fiel auf, daß der lange, blonde Zopf einem flotten Pferdeschwanz gewichen war, und daß Miss Mary nun wieder Hosen trug. Sie hatte das Tenniskleid in den Neunzigern wieder populär gemacht, viele hatten nachgezogen, und da schien es an der Zeit zu sein, andere Akzente zu setzen. In dieser Hinsicht war Mary Pierce ihrer kanadisch-amerikanischen Herkunft zum Trotz zu einhundert Prozent Französin.

Bei den Männern blieb wenig Zeit, sich über Mode und Frisuren Gedanken zu machen. Es schien, als hätten die nach der ausgedehnten Regenpause das Bedürfnis, möglichst lange auf dem Platz zu bleiben, und das größte Bedürfnis hatte offensichtlich Greg Rusedski. Drei Stunden und 56 Minuten schlug sich der Engländer mit dem routinierten Amerikaner Jonathan Stark herum, und vor allem im fünften Satz mußte er sich bisweilen schrecklich aufregen – über sich selbst, über die Linienrichter, über den Gegner, über alles.

Ein ständiges Auf und Ab in der eigenen Leistung war Rusedskis Problem, doch man konnte ihm nicht vorwerfen, daß er nicht mit heißem Herzen kämpfte. Heftig angefeuert von 11.000 Fans, die das erste anständige Drama auf Platz eins erlebten, glich er einen 3:5-Rückstand im entscheidenden fünften Satz aus und gewann schließlich 4:6, 6:7, 6:4, 6:3, 11:9.

NACH SEINER NIEDERLAGE AUF EINEM AUSSENPLATZ BAHNT SICH CARLOS MOYA MÜHSAM DEN WEG ZUM CLUBHAUS

Er feierte den Erfolg wie ein Fußballspieler nach dem Golden Goal im WM-Endspiel, und da war dann auch längst das berühmte Zahnpastalächeln zurückgekehrt.

Goran Ivanisevic lacht nicht, wenn er Tennis spielt – er schlägt Asse. Ist es normal, wenn jemand 46 Asse schlägt und dennoch verliert? Ist es nicht, aber was ist schon normal bei Ivanisevic? Jenen 46 Assen, die eine neue Rekordmarke in der Geschichte Wimbledons setzten, standen im Spiel gegen Magnus Norman beinahe halb so viele Doppelfehler gegenüber, und mit dem 19. nahm das Unglück seinen Lauf. Der bescherte dem aufstrebenden Schweden zum drittenmal in dieser kribbelnd spannenden Partie einen Matchball, und Norman nutzte die Chance. Mit einem knallharten Return bei einem jener berühmt riskanten zweiten Aufschläge des Kroaten gab er dem Favoriten den Rest.

So verlor Goran Ivanisevic, die Nummer zwei der Setzliste, 3:6, 6:2, 6:7, 6:4, 12:14 und zog wortlos von dannen, Magnus Norman aber hatte doppelt Grund zur Erleichterung. Zum einen über seinen ersten großen Erfolg in Wimbledon und zum zweiten darüber, daß es ihm nach dem Ende der Partie wieder besser ging. Da schlug sein Herz wieder normal, und die Rhythmusstörungen, die ihn während des fünften Satzes 40 unangenehme Sekunden lang in Angst und Schrecken versetzt hatten, waren verschwunden.

Zugegeben – Fünfsatzspiele sind nichts für schwache Herzen, doch darauf nahmen ein paar Kandidaten nicht die geringste Rücksicht. Titelverteidiger Richard Krajicek stand in der Partie gegen den Rumänen Andrei Pavel am Rand einer Niederlage, Wayne Ferreira war mehr als drei Stunden mit dem französischen Qualifikanten Rodolphe Gilbert beschäftigt, und Australiens Routinier Mark Woodforde spielte gegen Englands Routinier Chris Wilkinson solange, bis beiden die Schwäche ins Gesicht geschrieben stand. Doch am Schluß der Partie reichte die Kraft immerhin noch für einen anständigen Händedruck unter Männern.

Wenigstens nahm Boris Becker diesmal Rücksicht auf die Gesundheit seiner Freunde und Fans. Beim souveränen Sieg (6:1, 6:4, 6:4) gegen den Schweden Thomas Johansson stand er zur eigenen Überraschung kaum mehr als eineinhalb Stunden auf dem Platz und sparte ebenso Kraft für schwerere Aufgaben wie Michael Stich in der Partie gegen Justin Gimelstob. Einen Satz lang spürte Stich den Widerstand des jungen Amerikaners, doch dann siegte er mit imponierender Leichtigkeit (7:5, 6:1, 6:1) und fand, das sei genau das richtige Arbeitspensum nach der Pause gewesen.

Den größten Fortschritt machte Alex Radulescu, der innerhalb weniger Stunden aus der ersten in die dritte Runde marschierte, und Nicolas Kiefer schloß sich an, als er in einem deutschen Duell den 32 Jahre alten Landsmann Patrick Baur besiegte. Hendrik Dreekmann dagegen fehlte letztlich die Konsequenz, um Pete Sampras richtig gefährlich werden zu können, und so blieb es bei einer Niederlage in optisch ansprechender Form: 6:7, 5:7, 5:7. Vier von acht Deutschen schließlich auf dem Weg in Runde drei, dazu vier Engländer, aber nur drei Amerikaner – alles andere als business as usual im Königreich Britannien.

SITZENGEBLIEBEN:
GORAN IVANISEVIC VERLOR,
OBWOHL ER
46 ASSE SCHLUG

WIMBLEDON FEIERT DAS ENDES DES ERSTEN UMBAUABSCHNITTES UND DIE EINWEIHUNG DES NEUEN, 11.000 ZUSCHAUER FASSENDEN COURTS NO. 1

DER ERSTE SCHRITT INS JAHR 2000

WIMBLEDON-CHAMPIONS UNTER SICH:
JOHN MCENROE, BORIS BECKER UND
PETE SAMPRAS

Im Jahr zuvor war das Ding nicht mehr als ein Fremdkörper aus Beton; der graue, monströse Meilenstein eines anspruchsvollen Planes. Man wußte, daß dieser neue Court No. 1 das wichtigste Werk im ersten Abschnitt jenes Umbauplanes war, mit dem der All England Club seine Gäste und Mitglieder ins nächste Jahrtausend führen wird. Man sah ein, daß Veränderungen notwendig waren, daß der alte, geliebte Einser mit seinen hölzernen Bankreihen modernen Anforderungen nicht mehr entsprach. Doch irgendwie sträubte sich alles gegen das Monstrum. Ob man dieses Ding jemals mögen würde?

Doch es war eine gute Lektion. Niemand beurteilt das Aussehen einer Frau, die bei der Vorbereitung auf einen Ballabend noch im Bademantel steckt, und niemand sollte sich vom Eindruck eines halbfertigen Bauwerkes täuschen lassen. Als die Tore zu den 111. Championships geöffnet wurden, stand da kein Fremdkörper mehr. Mit fertigem Make-up war der neue Court No. 1 eine eindrucksvolle Erscheinung.

Von außen ein vier Stockwerke hohes Bauwerk mit Läden und Restaurants, grün und licht verkleidet. Bei der Konstruktion hatten die Planer darauf geachtet, daß das Gebäude bei gleicher Höhe das des Centre Courts nicht überragen dürfe. Sie hatten eine Grube in den Hügel gegraben, hatten ihn tiefergelegt, sie hatten 860 Tonnen Material aufgetürmt, und so war er herangewachsen.

Man sagte, der neue werde wie ein kleiner Bruder des Centre Courts aussehen, aber nun, bei genauerem Betrachten, ähnelten die beiden größten Bauwerke der Anlage einander nicht allzusehr. Doch sie stammten unzweifelhaft aus der gleichen, guten Familie. Das eine mit Efeu bewachsen, in die Jahre gekommen, und immer noch reizvoll; das andere jung, frisch und weltoffen.

So attraktiv der neue Einser von außen wirkte, eindrucksvoller noch waren seine inneren Werte. Da lockten 11.000 Sitzplätze mit jeder Menge Himmel darüber, denn das flache, schmale Dach ließ mehr Licht herein als das deutlich weiter heruntergezogene, steilere über dem Centre Court. Manche meinten, dieses neue Gebäude sehe aus wie eine zufällig aus der Galaxis eingeschwebte Untertasse; eine Untertasse allerdings mit der Bequemlichkeit der Business Class. Vergleichsweise breite Sitze, ausreichend Abstand zum Vordermann, selbst aus der letzten Reihe noch uneingeschränkte Sicht auf den Platz, nirgendwo eine störende Säule, ein störender Winkel – in jeder Hinsicht eine runde Sache.

Und um noch einmal auf die Sache mit dem ehemaligen Fremdkörper zurückzukommen – nicht nur das Gebäude hatte Konturen gewonnen, sondern auch die Umgebung. Da war nun wieder eine Wiese, von der aus die Zuschauer einen Blick oder zwei auf eine große Videowand werfen konnten, und an der Westseite waren in die ver-

John Curry, Vorsitzender des All England Lawn Tennis & Crocket Clubs, ehrte bei der Eröffnung des neuen Court No. 1 Stars wie Rod Laver und Louise Brough (oben), die frenetisch gefeiert wurden.

änderte Landschaft zwei neue Plätze eingefügt, Nummer 18 und 19. Enge, verschlungene Wege waren begradigt worden, was zu einer gewissen Großzügigkeit auf dieser Seite der Anlage führte, passend zum ebenfalls neuen, weitläufigen Eingangsbereich.

Das alles gemäß dem Plan, in der Endfassung schließlich auf der ganzen Anlage größtmögliche Bewegungsfreiheit für täglich rund 32.000 Zuschauer zu erreichen. Abschnitt zwei auf dem Weg ins nächste Jahrtausend wird passenderweise im Jahr 2000 fertig sein, mit verbesserten und vergrößerten Gebäuden für Spieler, für Journalisten und für die Mitglieder des Clubs.

Die Arbeiten an diesem Bereich, der an der Stelle des alten Courts No. 1 zu finden sein wird, haben längst begonnen. Schon jetzt ist das neue, hochmoderne Funk- und Fernsehzentrum im Untergrund verschwunden, und ebenfalls in den Untergrund wurde eine Verbindungsstraße der Grenzkoordinaten Church Road und Somerset Road gegraben.

Da unten gab es keine offizielle Eröffnung, oben auf dem neuen Court No. 1 aber fand am ersten Tag der 111. Championships ein Akt statt, der in jeder Hinsicht zu Wimbledon paßte. Es war ein regnerischer Tag, und bis wenige Minuten vor Beginn der Zeremonie blieben Schirme aufgespannt. Doch dann wurden zwei rote Teppiche auf dem Rasen ausgerollt, die dunklen Wolken rückten für ein halbes Stündchen zur Seite, und am Mikrophon begrüßte Clubmitglied und BBC-Kommentator John Barrett die Gäste auf den Rängen zu einem historischen Moment.

Es war Misters Barretts zweiter großer Auftritt auf diesem Platz; beim ersten in einem Testspiel mit drei weiteren Mitgliedern des All England Clubs hatte er sich den ersten Doppelfehler auf frischem Rasen geleistet, diesmal ging selbstredend alles gut.

Zur Feier des Tages begrüßte er nacheinander zehn Champions, die alle mindestens drei Einzeltitel gewonnen hatten und nun auf gewisse Weise ihren Part als bewegte Boten der Geschichte spielten. Gerührt und beeindruckt empfingen die Zuschauer die Amerikanerin Louise Brough, 74 Jahre alt, die Australier Rod Laver, John Newcombe und Margaret Court, die amerikanischen Heldinnen des modernen Frauentennis Billie Jean King, Chris Evert und Martina Navratilova und zum Abschluß die so unterschiedlichen Herrscher der Neuzeit John McEnroe, Boris Becker und Pete Sampras.

Becker, der in seinem dunklen Nadelstreifen-Zweireiher einen wahrhaft imposanten Eindruck machte, sah man an, was ihm dieser Auftritt im Kreise der Großen bedeutete; mit einer formvollendet angedeuteten Verbeugung nahm er aus der Hand des Herzogs von Kent einen jener zehn Silberteller in Empfang, mit denen sich der All England Club bei den Champions bedankte.

Dann legte der Herzog eine Meßlatte an das hochgezogene Netz; Hoheit fand, daß alles seine Ordnung habe, und erklärte den Platz offiziell für eröffnet. Doch als schließlich die zehn Champions in bunter Reihe eine Runde drehten, da wurde auf einmal ganz deutlich, was dem neuen Einser noch fehlte. Jeder dieser zehn stand für Erinnerungen an große Spiele, an schmerzhafte Niederlagen und an Augenblicke des ungetrübten Glücks, und jeder der zehn brachte auf seine Weise ein unverwechselbares Stückchen Leben mit.

Als sie alle gegangen waren, blieb vorerst nur eine sehenswerte Arena zurück. Eine schlafende Schönheit, die nicht auf den Kuß eines Prinzen, sondern auf den heißen Atem großer Dramen wartet.

Chris Evert-Mill erhält aus den Händen des Herzogs von Kent einen Erinnerungsteller. Die dreifache Wimbledon-Siegerin stand zehnmal im Endspiel.

UNVERGESSLICHE MATCHES LIEFERTEN SICH MARTINA NAVRATILOVA (LI.) UND CHRIS EVERT-MILLS IN UNZÄHLIGEN BEGEGNUNGEN.

KINDERSPIEL FÜR COOLE

WÄHREND DIE BRITISCHEN FANS IHR IDOL TIM HENMAN FEIERN, VERABSCHIEDET SICH MONICA SELES NACH IHRER NIEDERLAGE GEGEN SANDRINE TESTUD AUS DEM TURNIER

DER FRANZÖSIN SANDRINE TESTUD GELANG DIE ERSTE GROSSE ÜBERRASCHUNG IN DER DAMENKONKURRENZ

Wie ein Mann stand das bunte Volk hinter Henman, und zusammen erlebten sie ein Spiel mit Gänsehaut-Faktor zehn. Das hätte sich niemand schöner ausdenken können: Am heiligen Sonntag eine Partie mit Britanniens Bestem auf dem Centre Court und dann ein volles Drama in fünf Sätzen, fast vier Stunden voller Hoffen und Bangen.

Der einzige, der in diesem Tollhaus cool blieb, war Paul Haarhuis, Henmans Gegner. Da mochten die buntgeschminkten Fans auf den Rängen brüllen, was das Zeug hielt, der Holländer ging mit stoischer Miene seinen Weg. Und als er bei 5:4-Führung im entscheidenden Satz zum Matchball vermeintlich zum letztenmal aufschlug, da sah es nicht gut aus für Timmy-Boy. Doch in dieser wichtigsten Sekunde des Spiels zitterte die Hand des Holländers. Mit einem Doppelfehler vergab er den Matchball, mit einem weiteren Doppelfehler gab er Henman die Chance zum Break, und mit einem Volleyfehler machte er das Unglück perfekt – wie einer, der sich ohne Not selbst ins Knie schießt.

Es stand nun 5:5; auf den Rängen brüllten sie wieder Henman, Hen-man oder auch England, Eng-land, aber so genau war das nicht mehr zu verstehen. Dann stand es 7:7, danach 9:9 und 11:11 – jedesmal schlug Henman zur Führung auf, und jedesmal stand Haarhuis vor der schweren Aufgabe, mit eigenem Aufschlag ausgleichen zu müssen. Und nicht nur am Centre Court näherte sich die Stimmung dem kollektiven Wahnsinn. Vor der großen Videowand an der Rückseite des Courts No. 1 standen Tausende, die sich zuvor Greg Rusedskis Sieg auf diesem Platz angesehen hatten, und auch sie zitterten vor Spannung.

Sie schlugen die Hände vors Gesicht, als beim Stand von 12:11 beim ersten Matchball für Henman dessen Return im Netz landete, und sie hielten wieder die Luft an, als der bei 13:12-Führung erneut einen Matchball hatte. Diesmal schlug Timmy-Boy zu; mit einem Passierschlag versetzte er den aufrückenden Haarhuis, und auf den Rängen fielen sich wildfremde Menschen um den Hals. Auf der Tafel leuchtete das Ergebnis in Zahlen, und es erzählte auf seine Weise die ganze Geschichte: 6:7, 6:3, 6:2, 4:6, 14:12.

Allein der fünfte Satz dauerte 93 Minuten, und Henman schwärmte später: „Wer weiß, ob ich so etwas noch mal erleben werde." Und es schien sogar so, als habe auch Paul Haarhuis etwas mitgenommen aus diesem Spiel. Dem steckte zwar eine tiefe Enttäuschung in den Knochen, was kein Wunder war nach einem solchen Ende, doch er gab den lauten, enthusiastischen Fans seines Gegners keine Schuld. „Wenn mich die Leute gestört hätten", sagte er, „dann hätte ich zwei, zwei und zwei verloren. Es hat Spaß gemacht, da zu spielen."

Da gab es andere, die gewannen, aber offensichtlich weniger Spaß hatten. Michael Stich, zum Beispiel, war bloß froh, die Geduldprobe gegen den Australier Sandon Stolle überstanden zu haben. Zweimal hatten die beiden schon in Wimbledon gegeneinander gespielt, zweimal hatte Stich in vier Sätzen gewonnen, und genauso kam es auch

Leon Garcia gönnte sich im Match gegen Jana Novotna eine wohlverdiente Ruhepause

diesmal. Stolle gehört zu jenen Gegnern, die Stich ziemlich gut kennt und die ihm nicht besonders liegen, und so wurde es – in seinen eigenen Worten – das erwartet schwere, krumme Match. Egal, am Ende stand der Sieg (6:3, 6:7, 6:2, 7:6), verbunden mit dem Einzug ins Achtelfinale, wie im Jahr zuvor.

Zurück zu den guten Verlierern. Mark Petchey, Nummer 207 der Weltrangliste und einer der vier Briten in Runde drei, hatte sich mächtig auf die Partie gegen Boris Becker gefreut. Die Chance, gegen einen der Helden Wimbledons vor Tausenden von Fans auf dem neuen Einser zu spielen, war Petchey fast so viel wert wie ein Sieg – ein Sieg gegen irgendeinen anderen, versteht sich.

Becker hingegen spielte von Beginn an konzentriert und gab sich Mühe, die Fans seines allzu netten Gegners gar nicht erst in Stimmung kommen zu lassen. Für ihn wurde es in schöner Atmosphäre ein angenehmes Spiel mit einem klaren Erfolg (6:3, 6:3, 6:2), und für beide gab es schließlich genügend Gründe, den Platz locker plaudernd und winkend zu verlassen. Sie hatten, was sie wollten: der eine den Sieg und der andere das Erlebnis eines gemeinsamen Auftritts mit einem „ganz besonderen Tennisspieler".

Für Alexander Radulescu endete die Reise durch das Wunderland Wimbledon mit einer Niederlage gegen den Australier Todd Woodbridge (4:6, 4:6, 4:6) diesmal früher als im Jahr zuvor, doch dafür war ein anderer junger Deutscher zur Stelle. Der hieß Nicolas Kiefer und hatte eine Woche vor dem Beginn der Championships seine letzte Abiturprüfung bestanden. Nun war Kiefers Kopf frei für neue Aufgaben, und das machte sich auf höchst beeindruckende Weise bemerkbar.

Mit zwei Dreisatzsiegen gegen Alexander Volkov und gegen Patrick Baur erreichte der Neuling die dritte Runde, und jetzt stand er vor der Aufgabe gegen Andrei Medvedev, Nummer 13 der Setzliste. Und was Kiefer mit jenem Mann anstellte, der ja immerhin schon mal die Nummer vier der Welt gewesen war, das konnte man bisweilen kaum glauben. Nach nur einer halben Stunde hatte er den ersten Satz gewonnen, der zweite dauerte kaum länger, und Medvedev mußte das Gefühl haben, in einen falschen Film geraten zu sein.

Doch Kiefers größte Leistung bestand nicht in jener hübschen Sammlung von Zauberschlägen, die ihm den Gewinn der ersten beiden Sätze bescherten. Entscheidender war vielmehr, daß er nach dem Schock des vergleichsweise leichtfertig verlorenen Tiebreak sein kleines Tief überwand und im vierten Satz bald wieder ebenso druckvoll spielte wie zu Beginn.

Und als es soweit war, das Spiel zu beenden, war er bereit. Den ersten Matchball wehrte Andrei Medvedev nach einem eindrucksvollen Ballwechsel am Netz noch ab, beim zweiten aber war er machtlos gegen Kiefers Raffinesse. Der sah, daß Medvedev dicht ans Netz aufgerückt war, also probierte er es mit einem Lob, und vom Schläger des Gegners sprang der Ball in hohem Bogen ins Aus. Medvedev sah ziemlich bedient aus, und Kiefer ballte die Fäuste. Wie lau-

Auch auf Rasen kommt der Chilene Marcelo Rios inzwischen gut zurecht

PATRICK RAFTER PRÄSENTIERTE SICH IN GUTER FORM

tete noch der Rat, den er vom großen Meister Boris Becker erhalten hatte? „Cool spielen, cool aussehen und den letzten Punkt machen." Kinderspiel für Coole, und ein Ergebnis nach Maß: 6:4, 6:2, 6:7, 6:4.

Des weiteren besiegte Yevgeny Kafelnikov den Australier Jason Stoltenberg, Halbfinalist des Vorjahres, in einem umwerfend guten Spiel 6:3, 7:6, 4:6, 6:3, Magnus Norman war wieder gesund und verlor trotzdem, Pete Sampras war gesund und gewann leicht, Richard Krajicek hatte diesmal keine Probleme, und Petr Korda feierte seine Rückkehr in die Elite mit einem Mordsschrei nach fünf harten Sätzen.

Cedric Pioline, der kampflos in die dritte Runde gekommen war, nahm Wayne Ferreira auseinander, und der böse Bube Marcelo Rios gab sich im Spiel gegen den niederländischen Qualifikanten John van Lottum, Nummer 366 der Weltrangliste, alle Mühe, die Sache spannend zu machen. Schließlich gewann er in vier Sätzen, und hinterher sagte er, prinzipiell sei er immer noch der Meinung, Rasen sei für Kühe oder zum Fußballspielen da, doch nun habe er seinen Frieden mit Wimbledon gemacht. Erste Zeichen von Einsicht – immerhin.

Nach dem Ende der dritten Runde waren nur noch acht der gesetzten Männer im Wettbewerb und gar nur sieben der 16 Frauen. Nicht völlig überraschend kam die Niederlage (6:0, 4:6, 6:8) der Nummer zwei, Monica Seles, die in der Partie gegen die Französin Sandrine Testud eine 5:2-Führung im entscheidenden dritten Satz verspielte und sich zum Schluß mit einer Vielzahl von Fehlern selbst um den Lohn brachte. So etwas wäre ihr früher wohl nicht passiert, doch dieses Früher gehört zu einer anderen Zeit, ja fast zu einem anderen Leben.

Wieder keine Chance also für Seles auf Wimbledons Titel und diesmal auch keine für Conchita Martinez. Die Spanierin (Nummer 10) wurde von der routinierten Tschechin Helena Sukova verabschiedet, und so richtig überraschend fand das auch niemand angesichts der mäßigen Form der Senorita Martinez in den Wochen und Monaten zuvor.

Die leicht verletzte Iva Majoli entkam der drohenden Niederlage gegen eine mutig spielende englische Qualifikantin namens Karen Cross nur mit größter Mühe, und dann war da noch der gemeinsame Auftritt von Anke Huber und Anna Kournikova auf dem Centre Court.

Irgendwie sah es so aus, als habe die 16 Jahre alte Russin nur auf eine Gelegenheit wie diese gewartet. In den letzten Stunden eines langen, aufregenden Tages zeigte sie alles, was sie konnte, und das durfte man von Anke Huber nicht behaupten. Die kam, wie so oft in der zurückliegenden Zeit, nach erfolgreichem Auftakt unverständlicherweise vom rechten Weg ab, und je länger die Partie dauerte, desto mehr ärgerte sie sich selbst über kleine Fehler.

Mit ein wenig Geduld hätte Huber Kournikovas Ansturm abwehren können, doch in vielen langen Ballwechseln sah es so aus, als sei die weitaus jüngere der beiden die erfahrenere Spielerin und als fehle es der älteren an Übersicht und Selbstvertrauen.

Zum Schluß bejubelten die Zuschauer jeden Gewinnschlag der frechen Herausforderin, Anke Huber aber wurde klein und kleiner auf dem großen Centre Court. Sie verlor nach gutem Beginn 6:3, 4:6, 4:6 und verschwand ratlos in die Dunkelheit.

Und wieder eine Runde gewonnen: Nicolas Kiefer hatte allen Grund zum Jubeln

MONICA SELES VERLIERT SORGENSCHWER IN RUNDE 3 UND ÄHNELT NUR NOCH GANZ ENTFERNT DER FRÜHEREN PERSON GLEICHEN NAMENS

KEIN WEG AUS FINSTEREM TAL

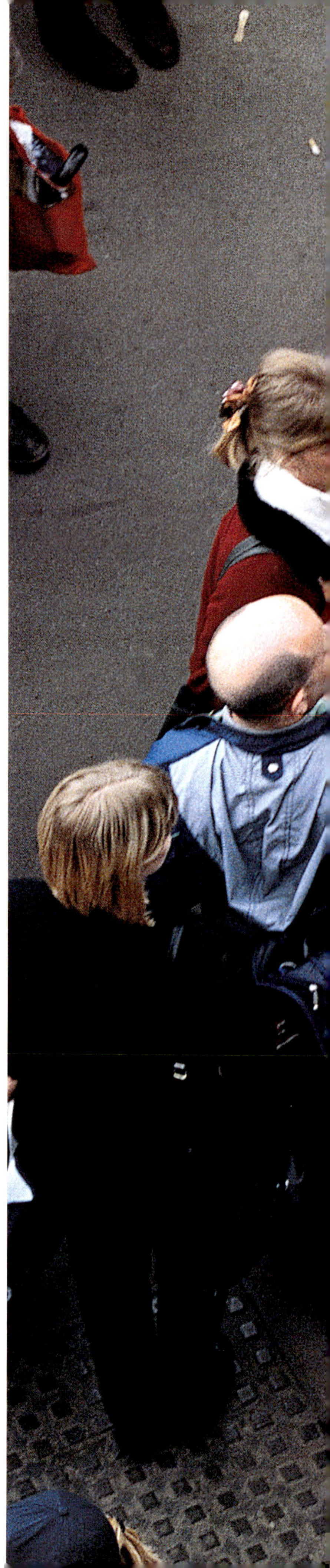

BITTERER ABGANG:
MONICA SELES´ TITELTRÄUME
PLATZTEN WIEDER FRÜH

Sie machte Fehler, einen nach dem anderen; sie traf den Ball mit dem Schlägerrahmen, sie drosch ihn ins Aus, ins Netz und sonstwohin, und sie rannte wie eine Gehetzte an der Grundlinie auf und ab. Aus einer 5:2-Führung für Monica Seles im dritten Satz gegen die Französin Sandrine Testud war ein 5:5 geworden, sie hatte einen Matchball vergeben, und nun kam das Gespenst der Niederlage näher und näher. Jetzt wäre es darauf angekommen, noch einmal alle Kraft zu sammeln, sich zu konzentrieren und so wie früher zu wehren, doch die Reserven waren offensichtlich längst erschöpft.

Das zweite harte Dreisatzspiel in Folge war zuviel für Monica Seles, und so verlor sie an einem grauen Dienstag in der dritten Runde der Championships nach gutem Beginn 6:0, 4:6, 6:8. Damit schied sie wie im Jahr zuvor aus, bevor es richtig spannend wurde, und das Turnier verlor die an Nummer zwei gesetzte Spielerin. Aber kam es darauf wirklich an?

Wenig später erzählte sie wieder, wie gern sie diesen Titel in Wimbledon gewinnen würde, den einzigen der großen Vier, der in ihrer Sammlung noch fehlt. Sie machte eine kleine Pause und sagte: „Aber ich werde ja hoffentlich noch ein paar Jahre Zeit haben, um es zu versuchen", doch in diesem Moment sah es so aus, als habe sie Angst vor der Zukunft und vor allem, was noch auf sie zukommen würde.

Natürlich machte es keinen Sinn, diese Monica von 23 Jahren mit jenem kichernden, fröhlichen Mädchen zu vergleichen, das sie einmal gewesen war. Jene Monica, die mit 15 zum erstenmal in Wimbledon spielte, die mit 18 einmal im Finale stand und ohne Chance gegen Steffi Graf verlor, gab es nicht mehr. Das war das Werk jenes Verrückten, der ihr im April 1993 in Hamburg das Messer in den Rücken und in die Seele gerammt hatte.

Doch so richtig erschreckend geriet der Vergleich mit dem Jahr zuvor. Auch damals verlor sie früh, aber man hatte das Gefühl, als sei sie nach einer langen Wanderung durch ein finsteres Tal wieder auf dem richtigen Weg. Sie hatte zu Beginn des Jahres ihren vierten Titel in Australien gewonnen, obwohl sie immer noch nicht in jener körperlichen Verfassung war, die sie sich selbst gewünscht hätte. Immerhin schien sie wieder ein wenig Freude am Leben zu haben – hin und wieder zumindest.

Aber diesmal? Sie schleppte mindestens zehn Kilo Übergewicht mit sich herum, und wer sich ein wenig auskannte, der wußte, was das bedeutete. Auch in der Zeit nach dem Attentat hatte sie alles in sich hineingestopft, was der Kühlschrank hergab, sie war morgens um fünf heimlich in den Supermarkt gerannt, hatte sich mit Großpackungen von Eis und Chips versorgt, denn nur wenn sie aß, vergaß sie ihre Angst. Das ging damals solange, bis der Vater einschritt und sagte: „Wenn du nicht sofort damit aufhörst, werde ich etwas unternehmen. Du bist dabei, alles zu ruinieren, wofür du in deinem Leben gearbeitet hast."

Doch nun konnte Monica von Karolj Seles keine Hilfe mehr erwarten; er war es, der Hilfe brauchte und dem es elend schlecht ging nach zwei Krebsoperationen. Die Tochter war hin- und hergerissen zwischen ihrem Wunsch, daheim beim Vater zu sein, und seinem Wunsch, sie möge doch, um Himmels Willen, weiter Tennis spielen. Doch sie fühlte sich unendlich allein ohne ihn; Karolj war ja nicht nur Vertrauter und Freund seiner Tochter, sondern auch ihr Coach, und er fehlte ihr in jeder Hinsicht. Er fehlte ihr mehr, als sich das irgend jemand vorstellen konnte.

Jedes Pfund, das sie zuviel mit sich herumschleppte, war ein Ausdruck ihres Kummers, ihrer Ratlosigkeit, ihrer Angst vor dem, was kommen würde. Sie telefonierte täglich mit dem Vater daheim in Florida, oft sogar mehrmals, und sie nahm sich jedesmal ganz schrecklich zusammen, wenn sie gefragt wurde, was ihr Tennis in dieser Situation denn noch bedeute und warum sie weitermache. Sie antwortete meist: „Weil ich das Spiel liebe", doch sie hätte auch sagen können: „Weil ich meinen Vater liebe." Sie hielt tapfer durch, obwohl sie verlor, doch es sah nicht so aus, als ob Wimbledon in absehbarer Zukunft bald wieder eine fröhliche, unbeschwerte Monica Seles erleben würde.

Aus jenem Mädchen, das früher so gern wie Madonna gewesen wäre, war in weniger als fünf Jahren eine Madonna der Leiden geworden. Mit todtraurigen Augen und schmalem Mund in einem nicht mehr jungen Gesicht.

DIE ROUTINIERTE
HELENA SUKOVA
ENTZAUBERTE
EX-CHAMPION
CONCHITA MARTINEZ

FÜNF SEKUNDEN BIS ZUM SIEG

IN EINEM DENKWÜRDIGEN SPIEL IM ACHTELFINALE ZWISCHEN DEN FRANZÖSINNEN SANDRINE TESTUD UND NATHALIE TAUZIAT BRINGT ERST DER 13. MATCHBALL DIE ENTSCHEIDUNG

Die Weltranglisten-Erste Martina Hingis einmal aus ungewohnter Perspektive

Zwei Französinnen spielten in der Fremde gegeneinander, Nathalie Tauziat und Sandrine Testud. Die eine Nummer 22 der Weltrangliste, die andere Nummer 23; die eine geboren in Afrika und so spröde, wie man sich die Tochter eines Missionars vorstellt, die andere geboren in Lyon, mit dunklen Kräusellocken und mit dem sonnigen Gemüt eines Kindes aus dem Süden; die eine im Alter von fast 30 Jahren im Herbst ihrer Karriere, die andere mit 23 in der besten Phase gerade mittendrin. Als es losging, hatten sie keine Ahnung, daß ihnen eines der denkwürdigsten Spiele der Geschichte Wimbledons bevorstehen würde, und als es vorbei war, lagen alle Nerven blank.

Zuerst sah alles ganz normal aus. Mit dem guten Gefühl des Sieges gegen Monica Seles im Rücken gewann Testud den ersten Satz 6:4, spielte auch im zweiten druckvoll und genau und schlug beim Stand von 5:4 zum ersten Matchball auf. Aber Doppelfehler, Chance vertan und gleich danach 5:5. Mit all ihrer Routine erkannte Tauziat die Gelegenheit, setzte nach, ging in Führung und gewann den zweiten Satz 7:5.

Es dauerte eine Weile, bis sich Mademoiselle Testud fing, doch wie beim Sieg gegen Seles traf sie mit der Dauer des Spiels dann wieder besser. Mit einem Break zum 6:5 bereitete sie das Ende vor, dann schlug sie auf, doch beim Stand von 15 beide begann es zu regnen. Netz runter, Plane rauf, Spiel unterbrochen.

Die Pause dauerte nicht allzu lange, und Testud blieb auf Kurs. Sie machte die nächsten beiden Punkte und wollte gerade zum zweiten Matchball aufschlagen, als wieder Tropfen fielen. Blitzschnell erfaßte Nathalie Tauziat die Gelegenheit, rannte zum Stuhl, packte ihre Sachen und verschwand. Wieder Netz runter, Plane rauf, Spiel unterbrochen, und Sandrine verstand die Welt nicht mehr. Wieviel Zeit hätte sie noch gebraucht? Fünf Sekunden? Zehn Sekunden?

Diesmal regnete es ein Weilchen länger, und in der Stunde des Wartens gingen ihr eine Menge Gedanken durch den Kopf. Darunter waren offensichtlich ein paar ganz falsche, denn als das Spiel weiterging, schien sie von allen guten Geistern verlassen worden zu sein. Sie vergab nicht nur die beiden Matchbälle, sondern verlor anschließend auch acht der folgenden neun Punkte, und auf einmal gab es zwei Matchbälle für Nathalie Tauziat. Den ersten wehrte Testud mit einem Glücksschuß ab, den zweiten drosch die andere ins Netz und ebenso den kurze Zeit später folgenden dritten.

Nach der Zahl der vergebenen Matchbälle stand es also drei zu drei, und nun wogte das Spiel derart heftig hin und her, daß man beinahe den Überblick verloren hätte. Es folgten die Matchbälle vier, fünf und sechs für Tauziat beim Stand von 9:8, Nummer sieben beim Stand von 10:9, und auch Nummer acht bei 11:10 führte noch nicht zum Ende. Während der ganzen Zeit stand Testud unter Druck, und mit aller Macht wehrte sie sich gegen den drohenden Untergang.

IM FESTIVAL DER VERGEBENEN MATCHBÄLLE BEHIELT NATHALIE TAUZIAT DOCH NOCH DIE OBERHAND

Für Sabine Appelmans war im Achtelfinale Endstation. Die Linkshänderin war ohne Chance gegen Martina Hingis

ANNA KOURNIKOVA
BEENDETE DIE HOFFNUNGEN
VON ANKE HUBER

Nummer zehn brachte schließlich die Erlösung. Ein Volley Testuds landete jenseits der Linie, und wie vom Blitz getroffen fiel Nathalie Tauziat um. 4:6, 7:5, 12:10, zuerst drei Matchbälle auf der einen, dann zehn auf der anderen Seite, das ganze verteilt auf zwei Stunden und 40 Minuten. Die unglückliche Sandrine warf den Schläger weg, und das war das Ende dieses ganz und gar nicht gewöhnlichen Spiels.

Zwei Französinnen, der Erschöpfung nah, und eine dritte, die an diesem Tag mit den Gedanken nicht recht bei der Sache war. Mary Pierce, die schon in der Runde zuvor leichte Schwächen gezeigt hatte, wirkte in der Partie gegen Arantxa Sanchez Vicario von Beginn an seltsam unbeteiligt. Oder sollte man besser sagen, Sanchez ließ Pierce seltsam unbeteiligt erscheinen?

Offensichtlich war, daß die Spanierin mit dem gleichen Elan, mit der gleichen Präzision zu Werke ging wie in den drei Runden zuvor. Wieder erledigte sie die Angelegenheit in weniger als einer Stunde, wieder gewann sie klar (6:1, 6:3), denn Mary Pierce war diesmal nicht annähernd in der Lage, die Kreise der Arantxa Sanchez Vicario zu stören.

Tendenz wechselhaft galt dagegen weiterhin für Jana Novotna, der Finalistin des Jahres '93, von der viele sagten: Wenn sie in diesem Jahr nicht gewinnt, dann wird es nie mehr was mit dem Titel. Auch im Spiel gegen Mary Joe Fernandez ließ die Tschechin nichts aus, um ihrer Trainerin und Lebensgefährtin Hana Mandlikova Sorgen zu machen. Gewinnschläge und vermeidbare Fehler, mutiges Angriffstennis und fehlendes Timing – alles in Folge.

Doch letztlich siegte Jana Novotna mit dem Glück der Tüchtigen (5:7, 6:4, 7:5). Sie gab niemals auf, und ein wenig halfen – selbstverständlich ohne

GUT AUFGELEGT GAB ARANTXA SANCHEZ VICARIO NACH DEM MATCH AUTOGRAMME

Das gibt's nur in Wimbledon: Wandelnde Erdbeeren ohne Sahne.

Absicht – Schieds- und Linienrichter nach, die vor allem im dritten Satz einige fragwürdige Entscheidungen zu Lasten ihrer Gegnerin trafen.

Je länger die Partie dauerte, desto mehr ärgerte sich Mary Joe Fernandez, die Mitte des entscheidenden Satzes mit einem Break zum 4:3 vermeintlich die Weichen zum Sieg gestellt hatte. Doch auch sie verlor dann ihr Aufschlagspiel, und der Ärger brachte sie sichtlich durcheinander. Und auch das Ende paßte in dieses verflixte Schema. Sie war sich sicher, daß ihr letzter Ball die Grundlinie noch berührt hatte, der Linienrichter aber fuhr die Hand aus, der Schiedsrichter stimmte zu, die Entscheidung war gefallen, und Jana Novotna hüpfte vor Freude. Fernandez wahrte die Form und gratulierte der Siegerin, dem Schiedsrichter aber sagte sie ein paar unfreundliche Worte. Eine Reaktion mit Seltenheitswert in der Karriere der sonst mustergültig geduldigen Mary Joe.

Bei Ärger und verpaßten Gelegenheiten wollte sich die Favoritin gar nicht erst aufhalten. Wieder gewann Martina Hingis so schnell, daß man Mühe hatte, ihr zu folgen, und daran änderte auch Sabine Appelmans nichts. Die aparte Belgierin riskierte viel und gewann wenig, doch, so sagte sie später, ohne die Bereitschaft zum Risiko sei man ohnehin verloren gegen eine wie Hingis. Die hakte den Sieg (6:1, 6:3) ziemlich schnell ab, denn in Gedanken war sie schon bei der nächsten Aufgabe an diesem Tag, dem gemeinsamen Doppel mit Arantxa Sanchez Vicario, das sie natürlich auch gewann. Mit Hingis hatte man rechnen müssen, aber all die anderen – es war ein Preis der Nationen in diesem Achtelfinale mit je drei Spielerinnen aus Frankreich und aus der Tschechischen Republik und je einer aus Belgien, Kanada, Kroatien, Indonesien, aus Rumänien, Rußland, Spanien, aus Venezuela und den USA.

Kroatien gewann gegen Rumänien; Iva Majoli blieb ihrer Linie treu, gab wieder den ersten Satz ab, machte es wieder spannend bis zum Schluß und freute sich wieder heftig über den Sieg gegen Irina Spirlea (6:7, 6:1, 9:7).

Indonesien gewann gegen Kanada; Rasenspezialistin Yayuk Basuki, mittlerweile 26 Jahre alt, überwand endlich die geheimnisvolle Hürde der vierten Runde. Viermal hatte sie in den Jahren zuvor in dieser Runde verloren, nun aber nutzte sie gegen Patricia Hy-Boulais die Chance (6:0, 7:6) und zog ins Viertelfinale ihres Lieblingsturniers ein.

Tschechische Republik gewann gegen Venezuela im Spiel der Debütantin Denisa Chladkova und der Nummer 136 der Weltrangliste, Alejandra Vento. Und im Vergleich der Generationen gewann Anna Kournikova mit imponierendem Endspurt gegen Helena Sukova (2:6, 6:2, 6:3). Während die beiden spielten, kam einem in den Sinn, daß Anna noch Windeln getragen hatte, als die lange Helena 1982 zum erstenmal in Wimbledon dabei war. Gemessen daran, wie sich die Dinge entwickelt hatten, müssen das Designer-Windeln gewesen sein.

NACH SPANNENDEM
MATCH MUSSTE SICH
SANDRINE TESTUD
(BILDVORDERGRUND)
UNGLÜCKLICH
GESCHLAGEN GEBEN

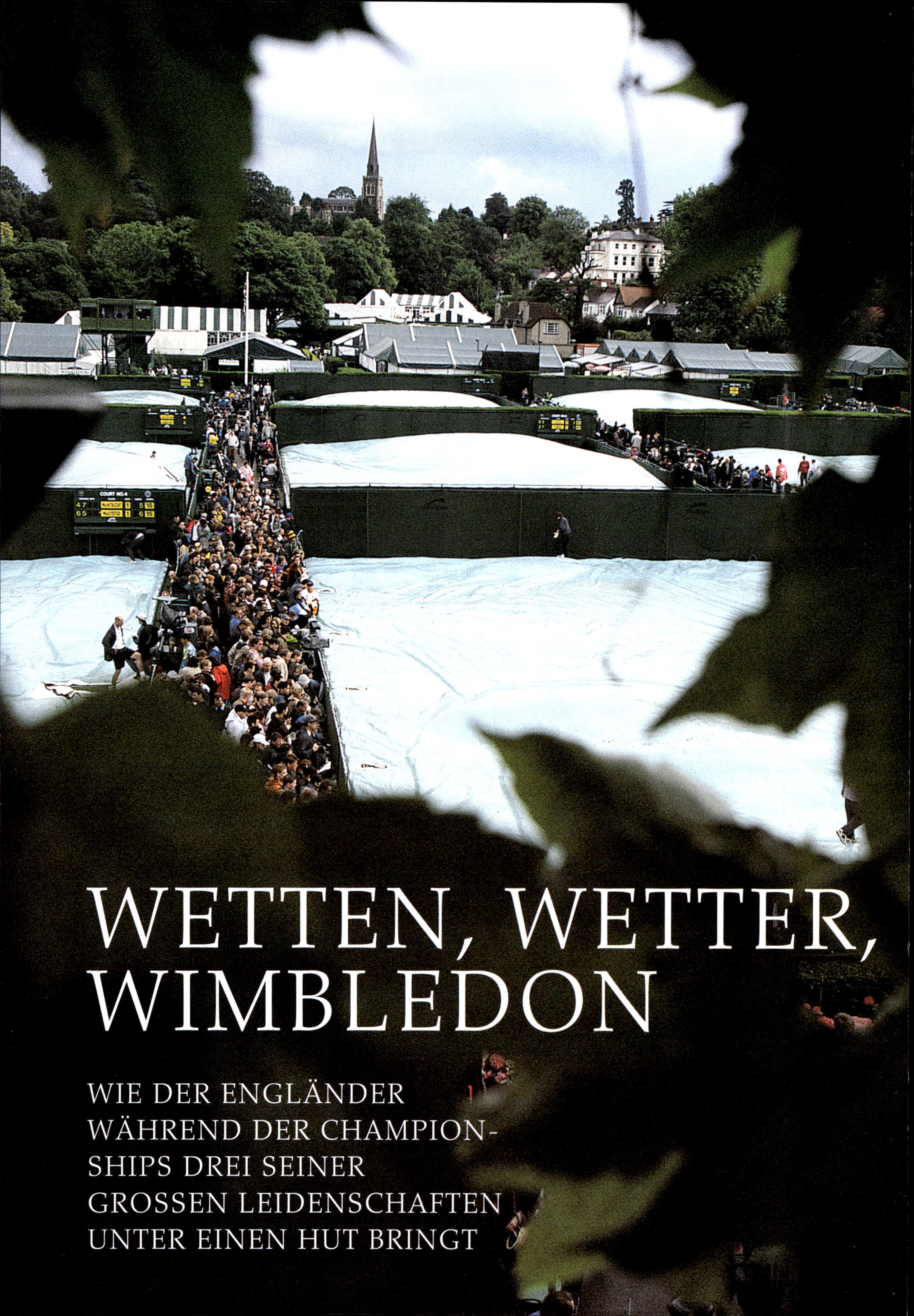

WETTEN, WETTER, WIMBLEDON

WIE DER ENGLÄNDER WÄHREND DER CHAMPION-SHIPS DREI SEINER GROSSEN LEIDENSCHAFTEN UNTER EINEN HUT BRINGT

Es ist nicht weit vom Haupteingang des All England Clubs bis zum nächsten Wettbüro. Rechter Hand den Berg hinauf ins Wimbledon Village, linker Hand die Church Road hinunter zur U-Bahn-Station Southfields - in jede der beiden Richtungen ein Weg von kaum mehr als zehn Minuten.

Für viele, die nach Wimbledon kommen, gehört der Gang zum Buchmacher zu diesem Turnier wie Warteschlangen, Erdbeeren und Wetter, und so sind die Verwalter der Wettleidenschaft längst so etwas wie Metronome für die Form der Favoriten. Wetten ist Volkssport in England, und als guter Gast schließt man sich da liebend gern an. Zumal die Chance, mit ein paar Pfund Einsatz ein Sümmchen zu gewinnen, deutlich größer ist als beim Lotto oder bei Glücksspielen anderer Art - theoretisch zumindest.

Um das zu begreifen, braucht man sich nur an 1996 zu erinnern, als der Kurs auf den Titelgewinn des Amerikaners MaliVai Washington vor Beginn der Championships mit 500/1 angeboten wurde, was nichts anderes bedeutete, als daß man im Falle des Erfolges bei einem Einsatz von 10 Pfund freundliche 5.000 Pfund kassiert hätte. Bekanntlich wurde Washingtons Quote dann doch nicht in Anspruch genommen, weil der im Finale Richard Krajicek unterlag. Der Niederländer gehörte seinerzeit zum Kreis der chancenreichen Außenseiter und stand vor Turnierbeginn mit 16/1 zu Buche.

Und es gibt gewisse Gesetzmäßigkeiten, auf die man sich in jedem Jahr verlassen kann. Ein Sieg beim Vorbereitungsturnier im Londoner Queen's Club, zum Beispiel, treibt die Quoten in die Höhe. So war es in diesem Jahr im Fall des jungen Australiers Mark Philippoussis, der zwar ohnehin zu den zehn Favoriten gehört hätte, der sich nun aber auf einmal mit einer Quote von 8/1 bei „Ladbrokes" unter den besten Fünf wiederfand, nur unwesentlich schwächer eingeschätzt als Titelverteidiger Richard Krajicek oder als Routinier Boris Becker (7/1).

Doch die Jungs in den Wettzentralen reagieren fix. Kaum war beispielsweise die Partie der ersten Runde zwischen Philippoussis und Greg Rusedski beim Stand von 6:7, 6:7, 1:3 abgebrochen, da traf im Turnierbüro auch schon ein Fax des zweiten großen Unternehmens „William Hill" ein. Darin wurde mitgeteilt, Philippoussis' Quote sei auf von 8/1 auf 40/1 abgewertet worden, Rusedski sei von 50/1 auf 14/1 gehoben worden.

Flexibilität ist alles, denn schließlich geht es ja darum, möglichst viele Menschen zum Einsatz zu animieren. Der Trick funktioniert, wie Umsätze in Millionenhöhe beweisen. Besonders dankbar nimmt der Engländer die Gelegenheit wahr, Spekulationen über drei seiner großen Leidenschaften miteinander zu kombinieren: Wetten, Wetter, Wimbledon.

Es war im Jahr 1993, als einer darauf setzte, es werde während der beiden Wochen der Championships kein einziger Tropfen Regen fallen. Das war seinerzeit eine ziemlich wagemutige Prognose, angesichts der Tatsache, daß das letzte regenfreie Turnier 16 Jahre zurücklag, und dementsprechend wurde die Quote angesetzt: 1000/1. Das waren die gleichen Dimensionen, in denen gewöhnlich Wetten über die Rückkehr Jesus' auf die Erde oder auf den Beweis der Existenz des Ungeheuers von Loch Ness angeboten werden.

Nun, damals ging die Sache für den Menschen mit dem sonnigen Gemüt gut aus; es regnete zwei Wochen lang nicht. 1997 betrug die Quote auf ein Wimbledon-Turnier ohne Niederschlag 10/1, und die Sache hatte sich schon nach ein paar Stunden des ersten Spieltages erledigt.

Dem Regen der ersten Tage folgte ein Hoch am Finalwochenende

MIT RIESENSCHRITTEN
INS VIERTELFINALE: NICOLAS
KIEFER ENTZAUBERTE DEN
GEHEIMFAVORITEN
YEVGENY KAFELNIKOV

DER JUNIOR LEGT NACH

NICOLAS KIEFER SIEGT IM ACHTELFINALE EBENSO WIE BORIS BECKER UND MICHAEL STICH, UND TIM HENMAN VERABSCHIEDET TITELVERTEIDIGER RICHARD KRAJICEK

Titelverteidiger Richard Krajicek (re.) gratuliert fair seinem Bezwinger Tim Henman

Nein, er dachte gar nicht daran, sich einzureden, das alles sei ein Traum. Nach dem Sieg gegen Andrei Medvedev hatte er tief und fest geschlafen, und nun marschierte er mit entschlossenem Blick zum Treffen mit Yevgeny Kafelnikov. Mister Supercool auf dem Weg zur nächsten Mission. Unter den englischen Zuschauern hatte sich herumgesprochen, daß dieser Teenager namens Nicolas Kiefer Erfahrungen aus dem Finale des Juniorenturniers '95 mitbrachte und daß man ihn in Deutschland für einen der besten aus der Generation nach Becker und Stich hielt. Fragte sich nur noch, ob er mit dem Sieg gegen Medvedev innerlich schon zufrieden war, oder ob er dachte, daß dies erst der Anfang war.

Der erste, der eine Antwort auf diese Frage bekam, war Kafelnikov. In weniger als einer halben Stunde verlor er den ersten Satz 2:6, er hatte in dieser Zeit so gut wie keine Chance, und die Fans rieben sich verwundert die Augen. Wer war denn hier die Nummer sechs der Weltrangliste und wer die Nummer 96?

Doch dann schienen sich die Dinge zu relativieren. Zwar ließ Kiefers Elan nicht nach, doch Kafelnikov sortierte Schläge und Gedanken, brachte Ordnung in sein Spiel und schlug bei 5:4-Führung zum Gewinn des zweiten Satzes auf. Wie ein Großer aber machte der Außenseiter in dieser Phase Druck, erzwang ein Break und drängte den Russen erneut in die Defensive. Mit einem Ball, der wenige Zentimeter neben der Seitenlinie landete, verlor Kafelnikov bald danach sein Aufschlagspiel und den zweiten Satz.

Wie im Spiel zuvor gegen Medvedev spielte Kiefer im dritten Satz nicht mehr ganz so konzentriert, doch wie er dann im vierten gleich wieder das Tempo forcierte, konnte man tatsächlich meinen, er habe nur eine Kunstpause eingelegt. Beide waren nun körperlich nicht mehr in bester Verfassung, denn Kiefer plagten leichte Rückenschmerzen, und Kafelnikov ließ sich am Fuß behandeln, und irgendwie sah es so aus, als habe sich der Russe schon seinem Schicksal gefügt.

Mit einem frühen Break überwand Kiefer die vorletzte Hürde zum Sieg, unbeeindruckt überstand er eine zweite, diesmal längere Regenpause, und mit einem weiteren Break räumte er letzte Zweifel aus, falls es da überhaupt noch Zweifel gegeben haben sollte. Yevgeny Kafelnikovs letzter Ball landete im Netz, und Mister Supercool ballte ganz kurz die Faust. Verglichen mit der Freude nach dem Sieg gegen Medvedev nahm er den Sieg (6:2, 7:5, 2:6, 6:1) diesmal beinahe schon wie eine Selbstverständlichkeit hin. Wie einer, der beim Dartspiel den Pfeil mühelos im roten Zentrum versenkt.

Eine Art, die Boris Becker beim Zuschauen fraglos gefallen hätte, doch der hatte keine Zeit, sich um Kiefer zu kümmern. Er kümmerte sich um Marcelo Rios, und er tat es derart überzeugend, daß der junge Chilene fast immer einen Schritt zu spät kam. Mit Spannung war Rios' erster Auftritt in den Klamotten seines neuen Ausrüsters erwartet worden, doch das Ergebnis war ziemlich enttäuschend, und so stach er Becker nicht einmal in dieser Hinsicht aus.

Auf andere Art gelang es ihm noch weniger, denn Becker do-

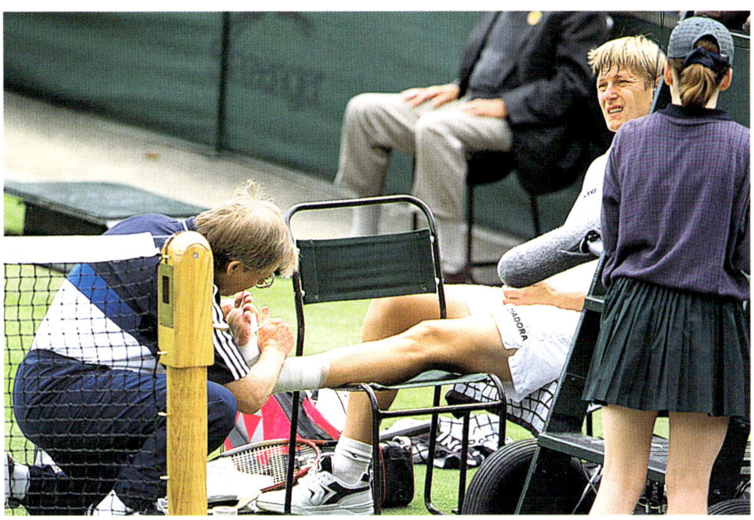

ANGESCHLAGEN: YEVGENY KAFELNIKOV MUSSTE SICH AM FUSS BEHANDELN LASSEN

RICHARD KRAJICEK
BLIEB IM ACHTELFINALE
NUR DAS NACHSEHEN

minierte die Partie, mit Ausnahme weniger Minuten zu Beginn des dritten Satzes, derart, daß es niemals Zweifel daran gab, wer denn gewinnen würde. Das Spiel endete mit einer sehenswerten Trickserei am Netz, bei der Rios schlußendlich platt auf dem Boden lag, und Becker gewann zum viertenmal in Folge ohne Satzverlust (6:2, 6:2, 7:6). Generös meinte er dann noch, Rios habe durchaus das passende Spiel auf Rasen, um eines Tages den Titel in Wimbledon gewinnen zu können. So spricht der Herr von Welt; ein Lob aus dem Munde des Siegers macht sich immer gut.

Und auch Michael Stich hatte an diesem Nachmittag mit Sonne und Regen alles unter Kontrolle. Diesmal machte ihm die chronisch entzündete Schulter weniger zu schaffen als in der Runde zuvor in der Partie gegen Sandon Stolle, und so konnte er sich gegen dessen australischen Landsmann Mark Woodforde auch wieder auf seinen Aufschlag verlassen.

Der Verlust des zweiten Satzes im Tiebreak war nicht mehr als ein Schönheitsfehler, Ausdruck allzu sorgloser fünf Minuten, aber grundsätzlich kein Anlaß, sich Sorgen zu machen. Mit einem gleichermaßen druckvollen wie eleganten Vorhand-Volley beendete Michael Stich die Partie (6:4, 6:7, 6:3, 7:5), mit der er sich zum Abschluß seiner Karriere zum viertenmal Einlaß ins Viertelfinale der Championships verschaffte.

Beiläufig bis anerkennend verfolgten die Gastgeber, was diese Deutschen da nun schon wieder trieben, doch in Wahrheit hatten sie gar keine Zeit, sich um andere Spieler als Tim Henman oder Greg Rusedski zu kümmern. Rusedskis Sieg (7:6, 6:4, 7:6) nach einer wahren Aufschlagdemonstration mit 32 Assen in nur drei Sätzen stand schon lange fest, als Tim Henmans Partie gegen den Titelverteidiger Richard Krajicek auf dem Centre Court begann.

Die Frage war: Wie hatte Volkes Held die nervenaufreibende Begegnung mit Paul Haarhuis vom Vortag verdaut? War er müde, oder hatte ihm der Sieg soviel Auftrieb gegeben, daß er sich einbildete, es gäbe keinen müden Muskel? Nun, die Sonne warf noch ein paar Strahlen auf den Centre Court, als Henman und Krajicek am späten Nachmittag hereinkamen, als wüßte sie, daß es dieses Spiel verdiente, in besonderem Licht betrachtet zu werden.

Von Müdigkeit war nichts zu sehen. Beide begannen konzentriert, servierten verläßlich gut, und so landeten sie zum erstenmal im Tiebreak. Krajicek schenkte Henman mit einem leichten Volleyfehler die Führung, der vergab vier Satzbälle, doch mit dem fünften beendete er schließlich den ersten Satz.

Die Ereignisse wiederholten sich im zweiten, wieder wurde Tiebreak gespielt, diesmal war zunächst Henman dem Gegner mit einem Doppelfehler behilflich, und der nahm die Gelegenheit dann mit dem dritten Satzball wahr. Auf den Rängen brüllten sie wieder Hen-man, Henman – nun erst recht.

Und dann kam die Phase, in der Richard Krajicek womöglich seine größte Chance auf den Sieg verspielte. Bei einer 3:1-Führung setzte er nicht konsequent genug nach und konnte

Petr Korda zeigte akrobatische Einlagen bei seiner knappen Niederlage gegen Pete Sampras

es nicht verhindern, daß Henman schließlich zum 3:3 ausglich. Er spürte, daß sich dieses Versäumnis rächen würde, und als es zum drittenmal in den Tiebreak ging, war er noch nicht wieder richtig bei der Sache.

Tiebreak – dieses Glücksspiel, das kaum einer der Spieler mag, weil es in ganz kurzer Zeit bisweilen die Arbeit einer ganzen Stunde zerstört, das aber die Zuschauer elektrisiert, mit diesem Plan von alles oder nichts. Und wieder stand Krajicek hinterher mit leeren Händen da; die 13.000 auf den Rängen jubelten und sahen Henman schon am Ziel, doch in der Dämmerung endete Teil eins des Spektakels.

Der Brite verbrachte eine ruhige Nacht; die Erinnerung an die eigene Leistung gab ihm Zuversicht für die Fortsetzung am nächsten Tag. Der Titelverteidiger aber schlief schlecht; in seinem Kopf geisterte die Frage herum, warum er den Vorsprung im dritten Satz verspielt hatte. Er war sauer auf sich, und er war nervös.

Die Nacht ging zuende, die Nervosität blieb. Mit einem Doppelfehler eröffnete Krajicek am Mittag des folgenden Tages den vierten Satz, mit einem Volleyfehler gab er Henman wenig später die Chance zum Break, und der konnte dieses Spiel nun nicht mehr verlieren. Mit einem mühelos gespielten und präzise placierten Vorhand-Volley buchte Tim Henman den letzten Punkt zum Sieg (7:6, 6:7, 7:6, 6:4), und da kam nun endlich auch dem Vater auf der Tribüne ein Lächeln aus. Mit angespanntem, beinahe maskenhaftem Ausdruck hatte Tony Henman wieder einmal den Auftritt seines Sohnes verfolgt, doch nun war er glücklich und erleichtert.

Richard I. verlor seinen Thron, doch er verabschiedete sich formvollendet mit einer tiefen Verbeugung. Bis auf weiteres blieb der Titel im Königreich Wimbledon vakant. Einer, dem man zugetraut hatte, er komme dafür in Frage, hieß Patrick Rafter. Doch der australische Serve- und Volley-Spezialist war der Konstanz seines Landsmannes Todd Woodbridge letztlich nicht gewachsen, und so blieb es für ihn bei einer unerwarteten Bilanz: Im roten Sand von Roland Garros hatte er das Halbfinale erreicht, hier nun aber mußte er seinen Traum vom Sieg früher begraben.

Woodbridge nahm seinem Erfolg (6:7, 6:4, 7:6, 6:3) mit gemessener Freude zur Kenntnis, die aber im Vergleich mit einem weiteren Sieger des Achtelfinales geradezu euphorisch wirkte. Cedric Pioline, der stille Franzose, bezwang den Neuseeländer Brett Steven (3:6, 6:3, 6:4, 7:5) und zeigte nach dem Matchball so große Begeisterung, als habe er gerade erfolgreich die Zündkerzen eines Autos ausgetauscht.

Auch Pete Sampras ist ja bisweilen kein Ausbund an Temperament, und in der Partie gegen den Tschechen Petr Korda sah es auch eine Weile so aus, als wolle er sich übergroße emotionale Belastung ersparen. Bis zum Abbruch des ersten Teils beim Stand von 6:4, 4:2 machte Sampras kaum einen falschen und kaum einen überflüssigen Schritt, und wenn da nicht eine kurze Pause wegen seines Nasenblutens gewesen wäre, dann hätte man bis dahin von einer reinweißen Vorstellung sprechen können.

OHNE SATZVERLUST
ZOG BORIS BECKER
INS VIERTELFINALE EIN

Bei der Fortsetzung profitierte er zwar von seinem Vorsprung und gewann fast im Vorübergehen den zweiten Satz, doch danach ließ die Konzentration des Meisters aller Klassen nach. Aus kritischen Situationen rettete er sich nur noch mit seinem verläßlich guten Aufschlag, doch Korda war dabei, die Dinge zu seinem Vorteil zu wenden.

Und als Sampras schließlich den Tiebreak des dritten Satzes nach einer 5:1-Führung und zwei später folgenden Matchbällen noch verlor, da setzte Korda entschlossen nach. Nun wurde es ein sehenswertes Duell, in dem Korda zeigte, daß er auf dem besten Weg zu alter Stärke war. Er gewann auch den vierten Satz im Tiebreak, und spätestens in diesem Moment begriff Sampras, daß es wirklich an der Zeit war, bei seinem Prozenttennis ein paar Punkte zuzulegen.

Er tat es eindrucksvoll. Während des gesamten fünften Satzes verlor er bei eigenem Aufschlag nur noch einen einzigen Punkt, und es gab nur noch einen Menschen, der ihn auf dem Weg zu Sieg (6:4, 6:3, 6:7, 6:7, 6:4) kurz vor dem Ziel beinahe aufgehalten hätte: Schiedsrichter Gerry Armstrong. Der nieste recht heftig ins Mikrophon, als Sampras gerade aufschlagen wollte, doch er entschuldigte sich kleinlaut und gab zwei Neue. Zuerst ein fremder Ton und dann ein As von Mister Sampras – so ging die Runde vier zuende.

Trost für den Onkel: Mark Woddforde wird von seinem Neffen abgelenkt

ZUM ERSTENMAL NACH 1961 ERREICHEN ZWEI SPIELER DER GASTGEBER DAS VIERTELFINALE, UND MIT BRITANNIENS TENNIS GEHT ES SICHTLICH AUFWÄRTS

DAS ENDE DER DÜRRE

Es war an einem Tag Ende der siebziger Jahre, als ein Junge aus Oxford zusammen mit den Eltern am Centre Court saß und Björn Borg bestaunte. Ein Junge, der sich auskannte; mit drei Jahren hatte er angefangen mit dem Tennis, und das gehörte in dieser Familie sowieso dazu. Urgroßmutter, Großmutter, Großvater und Mutter – sie alle hatten in Wimbledon gespielt. Und an diesem Tag, als er Börn Borg sah, beschloß der Junior, auch er wolle nun ein berühmter, erfolgreicher Tennisspieler werden.

Daß aus dem Plan etwas werden würde, konnte keiner ahnen. Leider, denn sonst hätten die Briten die folgende Dekade der schweren Prüfungen vermutlich leichteren Herzens hingenommen. Dem Blick in die Statistik entnahmen sie zwar, daß sie in der Liste der Wimbledonsieger bei den Herren mit 35 Titeln immer noch mit weitem Abstand führten, doch der letzte Sieg von Fred Perry stammte aus dem Jahre '36, der letzte Finalist war Henry Austin zwei Jahre später, und der letzte, der wenigstens einmal das Halbfinale erreichte, war Roger Taylor anno '70. Strahlend helle Stunden erlebte das britische Tennis zum letztenmal im Jubiläumsjahr 1977, als die von allen bewunderte Virginia Wade in Anwesenheit ihrer Königin den Titel gewann. Danach begann die Zeit der Dürre.

In den Achtzigern arbeitete der Junge aus Oxford daran, ein guter Tennisspieler zu werden; für seine Bemühungen wurde er schließlich mit einem Platz in einem geförderten Nachwuchskader belohnt. Doch irgendwie war es die schlimmste Zeit für das britische Tennis. Die Gastgeber des berühmtesten Tennisturniers der Welt sahen mit sehnsüchtigem Blick dabei zu, wie zuerst ein ungehobelter Amerikaner, dann ein rotblonder deutscher Teenager und schließlich ein netter Schwede die berühmte Trophäe in Händen hielten.

Zu dieser Zeit fanden Erstrunden-Siege hoffnungsvoller junger Briten in den Zeitungen in satten Dreispaltern ihren Niederschlag, ganz nach dem Motto: Man muß die zarten Pflänzchen pflegen. Aus dem Ausland schlug ihnen bisweilen eine gewisse Häme entgegen, denn sie gaben schließlich ein gutes Beispiel dafür ab, daß selbst ein jährlicher Überschuß in Millionenhöhe aus einem großen Tennisturnier nicht ausreichte, um einen guten Spieler herauszubringen.

Als Gast entwickelte man eine Ahnung, wie das wohl werden würde, hätten die Briten wieder einen richtig guten Spieler. Als Jeremy Bates 1992, zehn Jahre nach Buster Mottram, das Achtelfinale erreichte, da wurde er herumgereicht, als sei er der Retter des Inselreiches. Bates selbst war die Sache manchmal ein bißchen peinlich, so sehr er sich selbst darüber freute, nach vielen erfolglosen Jahren in Wimbledon endlich mal zu den Siegern zu gehören. Bates verlor in jenem Jahr in einem großen Fünfsatzspiel gegen den Franzosen Guy Forget, und in noch größeren Schlagzeilen wurde der heldenhafte Kampf des guten Jeremy gewürdigt.

Im Jahr darauf schaffte es Andrew Foster bis ins Achtelfinale, und 1994 war die Reihe wieder an Bates, der wieder gegen Forget spielte und wieder verlor, diesmal allerdings unter weit weniger dramatischen Umständen. In jenem Jahr tauchte der Junge aus Oxford auf, Tim Henman. Der hoffnungsvollste Junior Britanniens, seinerzeit 19 Jahre alt, kam mit einer Wildcard ins Hauptfeld und verlor in der ersten Runde, doch niemand nahm es ihm übel.

ENDLICH KÖNNEN SICH DIE BRITEN WIEDER ÜBER IHRE TENNISSPIELER FREUEN

Was sich 1995 tat, war dann schon ein wenig kurios, denn in einem wahren Taumel nahmen die Briten ihren neuen Landsmann in Empfang. Greg Rusedski, geboren und aufgewachsen in Montreal, hatte sich entschlossen, seinen britischen Paß zu nutzen, den er als Sohn einer aus Yorkshire stammenden Mutter besaß. Auf dem Weg ins Achtelfinale tat Rusedski mancherlei, was Briten gewöhnlich nicht tun; als er nach einem seiner drei Siege ein Stirnband in den Farben des Union Jacks in die Menge warf, da waren nicht alle seiner neuen Landsleute begeistert, und die alten Landsleute waren es noch viel weniger. Um die Vorwürfe aus Kanada nicht zu laut werden zu lassen, überwies er dem kanadischen Tennisverband später 20.000 Pfund – als Ausgleich für dessen Investitionen in seine Ausbildung.

Doch 1996 war die Bühne für Tim Henman bereit. Als der, 23 Jahre nach Roger Taylor, als erster Brite wieder im Viertelfinale der Championships stand, wurden vor den Toren T-Shirts mit dem Aufdruck „Tennis is coming home – Good luck, Tim“ verschenkt. Und da war nun mehr als eine Ahnung, daß die schlimmste Zeit endgültig vorüber war, daß es – womöglich noch in diesem Jahrtausend – wieder einen britischen Wimbledonsieger geben könnte.

Und der Trend zeigte 1997 steil nach oben. Henman, Rusedski, Petchey und Richardson in der dritten Runde – so viele wie noch nie in der Geschichte des Profitennis seit 1968; Henman und Rusedski schließlich im Viertelfinale – so etwas hatte es seit 1961 nicht mehr gegeben. Jubel, Trubel, Heiterkeit in schwerer Zeit – Hongkong verloren, aber Hoffnung gewonnen.

Und was nun den Jungen aus Oxford betrifft, so sitzt er natürlich nicht mehr neben den Eltern auf der Tribüne. Er hat besseres zu tun, und er sagt: „Ich weiß, daß ich eine Chance habe, hier eines Tages zu gewinnen.“ Wer weiß, wer ihm dann zuschauen und beschließen wird, eines Tages in Wimbledon der Champion zu sein.

GENERATIONEN UNTER SICH

IM VIERTELFINALE TRIFFT MARTINA HINGIS IHRE TSCHECHISCHE JUGENDFREUNDIN DENISA CHLADKOVA WIEDER, ANNA KOURNIKOVA IST BEREIT ZU NEUEN TATEN, UND ARANTXA SANCHEZ VICARIO SIEGT WEITER

Durch den Erfolg über Sandrine Testud (re.) qualifizierte sich Nathalie Tauziat für das Viertelfinale

Zum erstenmal schien morgens die Sonne, und endlich mischte der Himmel ein weng Blau in die Farben des Centre Courts. Und auf gewisse Weise konnten Iva Majoli und Anna Kournikova in diesem Lichtblick die Belohnung für mancherlei Mühe sehen. Beide hatten eine Reihe harter Spiele hinter sich, beide hatten mit einem Fuß am Abgrund gestanden; Kournikova im Spiel der zweiten Runde gegen Barbara Rittner, die drei Matchbälle vergeben hatte, und Majoli in Runde drei bei einem Matchball ihrer englischen Gegnerin Karen Cross.

Auf der Tribüne saß ein Mann, der sich mindestens genauso über die Sonne freute, gab sie ihm doch die Gelegenheit, eine seiner unvermeidlichen Sonnenbrillen zu tragen. Schwer zu sagen, wem die moralische Unterstützung des wettergegerbten Mannes mit der Brille diesmal galt. Iva Majoli, die jahrelang in seinem Tenniscenter in Florida trainiert hatte und die ihm weiter herzlich verbunden war, oder Anna Kournikova, die den größten Teil ihrer turnierfreien Zeit bei ihm verbrachte. Doch Nick Bollettieri war bekannt für vielfache Talente, und vielleicht verfuhr er in dieser Notlage nach einem bewährten Trick: Zuwendung zuerst verdoppeln und dann durch zwei teilen.

Der Statistik war zu entnehmen, daß die 19 Jahre alte Kroatin, die ein paar Wochen zuvor den Titel in Paris gewonnen hatte, als Fünfte der Weltrangliste in dieses Viertelfinale kam, die drei Jahre jüngere Russin hingegen nur als Nummer 42. Doch es stellte sich schnell heraus, daß die Zahlen an diesem Tag nicht allzuviel zu bedeuten hatten.

Majoli ging 3:1 in Führung, Kournikova hielt dagegen und glich aus, und bis zum Stand von 5:5 hielt das Gleichgewicht. Und wer bis dahin noch nichts über die besonderen Fähigkeiten der kessen Anna gehört haben sollte – gab es so jemanden überhaupt noch? – der erhielt eine kleine, kostenlose Vorführung gegen Ende dieses ersten Satzes.

Mit einem Break nach vier phantastischen Schlägen ging sie 6:5 in Führung, gab dann, offensichtlich berauscht von eigenen Taten, das nächste Aufschlagspiel postwendend zum 6:6 ab, und riß sich im Tiebreak derart zusammen, daß die andere keine Chance hatte. Anna Kournikova wirkte entschlossener als Iva Majoli, sie schlug härter, lief besser, dachte schneller.

Mit dem Rasenspiel kannten sich beide ja nicht besonders gut aus, doch die Russin zeigte, wie schnell man die wesentlichen Dinge herausfinden kann. Wenn sich eine anständige Chance bot, rückte sie auf ans Netz, und da vorn machte sie selten etwas falsch. Sichere Schmetterbälle, technisch saubere Volleys – alles Ergebnis intensiver Arbeit, wie Anna immer wieder versicherte. „Auch wenn das manche Leute nicht glauben, aber ich habe verdammt hart für alles gearbeitet", sagte sie gern, und in diesem Spiel ließ sie nun Taten sprechen.

Iva Majoli hingegen schleppte den Ärger über den verlorenen ersten Satz im zweiten mit sich herum, und zudem wirkte

NIEDERLAGE GEGEN
DIE JUGENDFREUNDIN:
DENISA CHLADKOVA
VERLOR GEGEN
MARTINA HINGIS

MARTINA HINGIS UNTERSTRICH
IN DER RUNDE DER LETZTEN
ACHT IHRE FAVORITENROLLE
EINDRUCKSVOLL

FRENCH OPEN-SIEGERIN
IVA MAJOLI ÜBERZEUGTE AUCH
IN WIMBLEDON

sie müde nach den Anstrengungen vom Vortag beim Sieg gegen Irina Spirlea. Sie wehrte sich tapfer, doch mit halber Kraft, und so gab es schließlich keine Frage, daß Anna Kournikova verdient gewann (7:6, 6:4). Die verwöhnte ihre Fans dann wieder mit einem zuckersüßen Lächeln, das nicht mehr das Lächeln eines Kindes war, aber noch nicht das einer Frau.

Majoli und Kournikova waren zusammen 35 Jahre alt, Martina Hingis und Denisa Chladkova brachten es sogar nur auf 34. Die neue Generation mit einem Durchschnittsalter von knapp 17 Jahren in der oberen Hälfte des Tableaus, die ältere in der unteren bei den Spielen Novotna gegen Basuki und Sanchez Vicario gegen Tauziat mit einem Durchschnitt von 27 Jahren.

Reizvolle Vergleiche und ein weiterer bemerkenswerter Umstand. Martina Hingis und Denisa Chladkova kannten sich seit Kindertagen. Beide gehörten damals zu den talentiertesten Spielerinnen der Tschechoslowakei; sie sahen sich oft damals und kamen prima miteinander aus, ehe Martina dann ihrer Mutter ins schweizerische Rheintal nach Trübbach folgte.

Ob sie damals, als Kinder, mal daran gedacht hatten, eines Tages auf dem Centre Court Wimbledons gegeneinander zu spielen? Hier waren sie nun also, und mochten sich auch die meisten der 13.000 Zuschauer fragen, wer denn das dunkelhaarige Mädchen mit dem eifrig wippenden Pferdeschwanz war – Martina wunderte sich nicht besonders über die Begegnung mit der Jugendfreundin. „Denisa gehört zu den jungen Spielerinnen, die besonders talentiert sind“, sagte sie, „und was sie kann, hat sie in diesem Turnier bewiesen.“ Das hörte sich nun doch wieder ein bißchen komisch an, wie eine 16jährige über die Jugend einer 18jährigen sprach.

Auf dem Rasen ließ sich die Sache so an, daß einem langen ersten Aufschlagspiel von acht Minuten Dauer der erwartete Verlauf folgte. Chladkova hielt gut mit und wuchtete immer wieder die Bälle mit ihrer beidhändigen Rückhand übers Netz, aber Hingis schlug im geeigneten Moment zu. Doch die Erste der Weltrangliste wirkte diesmal nicht besonders souverän, woran allerdings wohl auch das schlechte Wetter der ersten Woche schuld war. Wie so viele andere hatte auch sie sich erkältet, und jeder lange Ballwechsel machte ihr ein wenig zu schaffen.

Eine routiniertere Spielerin als Chladkova hätte von dieser Schwäche sicher profitieren können, die Debütantin aber schlug sich wacker und verlor 2:6, 3:6. Als sie schließlich miteinander den Centre Court verließen, sah es so aus, als wären beide zufrieden.

Und Zufriedenheit war auch das Mindeste, was sich Jana Novotna an diesem Tag gönnen konnte. Mit frischem Selbstvertrauen nach dem knappen Sieg gegen Mary Joe Fernandez im Achtelfinale ging sie an die Arbeit gegen Yayuk Basuki, und dieses Spiel wurde in einem großen Inselreich mit besonderem Interesse verfolgt. Nun war Yayuk Basuki daheim

Die Französin Nathalie Tauziat probierte es mit ungewöhnlichen Schlägen

COREL
WTA
adidas

Immer wieder eine Augenweide: Anna Kournikova kämpfte sich ins Halbfinale

in Indonesien zwar keine solche Berühmtheit wie die Stars des Badminton, doch auch die beste Tennispielerin des Landes konnte sich gewisser Popularität sicher sein.

Bedauerlicherweise erkannten Basuki und alle Landsleute daheim vor den Fernsehschirmen recht schnell, daß es an diesem Tag gegen Jana Novotna kaum etwas auszurichten gab. Die Tschechin schlug mit großer Konstanz auf und nutzte jede Gelegenheit, den schwachen zweiten Aufschlag Basukis zu attackieren. In den gut 70 Minuten dieses Spiels rückte sie 65mal vor ans Netz – 48mal mit Erfolg. Imponierende Werte und letztlich ein imponierender Sieg (6:3, 6:3), bei dem sie nicht ein einzigesmal wirklich in Gefahr geriet. Mit Kußhänden fürs Publikum verabschiedete sich Jana Novotna an diesem Tag, doch auch Yayuk Basuki lächelte. War es etwa nichts, das Viertelfinale der Championships erreicht zu haben?

Bliebe noch Arantxa Sanchez Vicario, und die ritt weiter auf der Welle ihres guten Gefühls. Man merkte deutlich, daß sie eine Menge Reserven hatte nach vier mühelos wirkenden Siegen in Folge und nach einem Spaziergang im Achtelfinale gegen Mary Pierce. Nathalie Tauziat dagegen hatte die Folgen des Kriminalspiels gegen Sandrine Testud offensichtlich nicht ganz verdaut.

Nach klar verlorenem ersten Satz kam die Französin zwar im zweiten noch einmal auf, weil Arantxa Sachez Vicario nun schlechter aufschlug und bisweilen zögerte, doch es gelang Tauziat diesmal nicht, die Dinge auf ähnlich aufsehenerregende Weise zu wenden wie zuvor gegen Testud.

Zum drittenmal in Folge zog Arantxa Sanchez Vicario damit ins Halbfinale der Championships ein, doch kaum jemand konnte sich erinnern, sie schon mal derart souverän beim Spiel auf Rasen gesehen zu haben.

ENDLICH SCHIEN WIEDER DIE SONNE ÜBER WIMBLEDON

STUNDEN DER WAHRHEIT

IM VIERTELFINALE ERLEBEN DIE BRITEN IHRE ERNÜCHTERUNG, MICHAEL STICH SCHWEBT UND SIEGT, UND BORIS BECKER VERABSCHIEDET SICH – FÜR IMMER

DIE STARS SIND SPENDABEL:
PETE SAMPRAS WARF
SEIN HEMD UNTERS VOLK

K.O. IM VIERTELFINALE:
LOKALMATADOR GREG RUSEDSKI
MÜHTE SICH VERGEBLICH

Als an einem unfreundlichen Donnerstag die Stunde der Wahrheit nahte, fühlte sich Greg Rusedski nicht besonders gut. Vielleicht hatte ihn, nach dem Dauerprogramm in den Tagen zuvor, die erste Spielpause aus dem Rhythmus gebracht, vielleicht aber spürte er nun erst so richtig, was die Leute von ihm erwarteten.

Cedric Pioline sah die Sache ganz nüchtern. Er stand schließlich nicht zum erstenmal im Viertelfinale der Championships, und auch die Aussicht, nicht nur gegen Rusedski, sondern voraussichtlich auch gegen 11.000 Briten spielen zu müssen, ließ ihn kalt. „Ich weiß, wie das ist", sagte er vor dem Spiel, „ein großer Platz und ein wichtiges Spiel. Ich nehme an, Greg wird wohl ein bißchen Unterstützung haben."

Er hatte es ironisch gemeint, doch wo waren die Leute denn nun? Als die Hauptdarsteller zur unüblichen Wimbledonzeit morgens um elf auf dem Platz erschienen, da waren die Ränge am Court No. 1 bestenfalls zu einem Drittel gefüllt, der Himmel war mausgrau, und es wehte ein unangenehm kalter Wind. Und ein Beginn, der auch nicht gerade wärmte, denn Rusedski servierte auf Anhieb zwei Doppelfehler. Und so belanglos das im großen Zusammenhang auch sein mochte, für Pioline war es genau die richtige Botschaft. Wenn einer in der Lage ist, in einem Dreisatzspiel mehr als 32 Asse zu schlagen, und der dann erstmal überhaupt nichts trifft, dann muß man das einfach als Zeichen des Himmels betrachten.

So begann das Spiel mit einem Break gegen Rusedski, und diesem Rückstand lief der Brite in den folgenden zwei Stunden mit nur mäßigem Erfolg hinterher. Pioline versuchte alles, ihn nicht ins Spiel kommen zu lassen; mit knallharten Returns bestrafte er Rusedskis Schwäche, und je länger die Partie dauerte, desto weniger Schwierigkeiten hatte er, den sonst so mächtigen Aufschlag zu lesen.

So zwang er den müde und ein wenig ängstlich dreinschauenden Greg zu insgesamt zehn Doppelfehlern gegenüber nur 18 Assen, und seiner schärfsten Waffe beraubt, war der an diesem Tag ein schwächerer Gegner als in den Runden zuvor. Hinterher gab Rusedski zu: „Der Geist war willig, doch das Fleisch war schwach." Doch er sagte auch, Pioline habe einschüchternd stark gespielt und zu Recht gewonnen (6:4, 4:6, 6:4, 6:3). Das sah der Franzose wohl ebenso; diesmal freute er sich derart, als habe er nicht nur die Zündkerzen, sondern auch den Motor ausgetauscht.

Als die Stunde der Herausforderung nahte, war Nicolas Kiefer ein wenig unsicher. Irgendwie hatte er das Gefühl, daß dieses Spiel im Viertelfinale gegen Todd Woodbridge, den besten Doppelspieler der Welt, schwerer werden würde als die Begegnungen zuvor gegen Andrei Medvedev und Yevgeny Kafelnikov, und das Gefühl trog ihn nicht.

Zwar ging er auch diesmal wieder schnell in Führung, doch der Australier glich ebenso schnell einen Aufschlagverlust aus, und bis zum Tiebreak erspielte sich keiner von beiden nennenswerte Vorteile. Doch dann ging es Schlag auf Schlag. Kiefer wehrte drei Satzbälle ab, hechtete sich dann vergeblich nach einem phantastischen Return, der Woodbridge Satzball Nummer vier einbrachte, und diesmal klappte es.

Nun lief Kiefer zum erstenmal während des Turniers einem Rückstand hinterher, und obwohl er Satz Nummer zwei anschließend relativ leicht gewann, wirkte er längst nicht so selbstsicher wie noch zwei Tage zuvor. Es war nicht so, daß er Angst hatte, aber auf gewisse Weise war ein größerer Zwang im Spiel, und zudem tat ihm von der unsanften Landung nach dem Hechtsprung die Schulter des Schlagarmes weh.

Den Grad seiner Unsicherheit konnte man an Dauer und Ergebnis des dritten Satzes ablesen: Nach zwanzig Minuten hatte er nicht ein einziges Spiel gewonnen, und weiter ging's im wechselhaften Auf und Ab. Todd Woodbridge dagegen, der in seiner Karriere bis dahin noch nie über das Achtelfinale eines der großen vier Turniere hinausgekommen war, blieb konzentriert und ließ sich auch von gelegentlichen Rückschlägen kleinerer Art nicht durcheinander bringen.

Zwei Chancen zum Break und zur möglichen Wende hatte Nicolas Kiefer in diesem vierten Satz bei 4:3-Führung noch, doch er nutzte keine der beiden, und ehe die Sache für Woodbridge gefährlich werden konnte, begann es mal wieder zu regnen.

Die Pause dauerte zweieinhalb Stunden. Kiefer stellte fest, daß es einen gewaltigen Unterschied machte, ob man mit Vorsprung oder in Rückstand liegend in der Kabine warten mußte, denn eines war ihm klar: Wenn er noch eine Chance haben wollte, dann mußte er umgehend ein Break erzwingen.

FRUST: GREG RUSEDSKI
LIESS DAMPF AB

Mit ein bißchen Glück hätte die Sache funktionieren können. Gleich beim vierten Ballwechsel nach der Pause bot sich die richtige Gelegenheit, doch dann hatte Woodbridge mit einem Linienball Glück, und Kiefers Gegenschlag landete im Aus.

Der Australier glich aus zum 4:4, und in der Ahnung, daß da nun vermutlich nichts mehr zu retten war, spielte Kiefer ein wenig unüberlegt, kassierte seinerseits ein Break und sah wenig später seinen letzten Ball in dieser Partie neben der Linie landen. Woodbridge freute sich mächtig über den Sieg (7:6, 2:6, 6:0, 6:4), der ihm im Einzel den größten Erfolg seiner Karriere bescherte. An dieser Stelle und zwei Tage vor seinem 20. Geburtstag endete Nicolas Kiefers erster Ausflug in die Welt der Großen. Er ging im Bewußtsein, fürs erste einen verdammt guten Eindruck hinterlassen zu haben.

Als die Stunde der Bewährung nahte, ging es Tim Henman noch ganz gut. Zwar konnte er Michael Stich nicht daran hindern, mit einem souveränen Aufschlagspiel 1:0 in Führung zu gehen, doch das war ja nur normal. Dann aber mußte auch dieses Spiel wegen des Regens unterbrochen werden – zu einem an sich harmlosen Zeitpunkt –, und von dem Moment an, als die beiden auf den Platz Nummer eins zurückkamen, war nichts mehr so wie zuvor.

In einer halben Stunde gewann Stich den ersten Satz, in weniger als einer halben den zweiten, und auf den Rängen wurde es ziemlich ruhig. Die Leute waren nicht enttäuscht von ihrem Helden Tim – er tat ihnen leid. Was immer Henman auch probierte, nichts funktionierte. Bald wußte er nicht mehr, was er machen sollte, doch ein Gedanke ließ ihn nicht mehr los: Daß er 24 Stunden nach dem vielleicht besten Spiel seiner Karriere beim glorreichen Sieg gegen den Titelverteidiger in eines seiner schlechtesten geraten war.

Das lag nun allerdings nicht nur an Henman selbst, sondern vor allem an Michael Stich, der mit goldenem Händchen spielen konnte, was er wollte, und wie er es wollte. Die Leute begriffen nicht ganz, was sie da sahen. Stimmte es wirklich, daß dieser Michael Stich nicht mehr Tennis spielen wollte?

Nun, Stich ließ nicht mehr locker. Er sah, daß Henman der Belastung längst nicht mehr gewachsen war, und er wußte, daß ihn nichts und niemand mehr aufhalten würde. Mit einem überlegt gespielten Volley ließ er Henman zum letztenmal ins Leere laufen, und dann ging er vor lauter Freude fast in die Knie.

Mit einem Sieg von beeindruckender Deutlichkeit (6:3, 6:2, 6:4) zog er zum zweitenmal nach seinem Titelgewinn von 1991 ins Halbfinale der Championships ein, und das war, nach all den Enttäuschungen und Ereignissen der zurückliegenden Monate, nun wirklich ein kaum glaubliches Ding. Timmy-Boy dagegen schlich von dannen. Den tröstenden Beifall der Fans nahm er in seiner maßlosen Enttäuschung kaum noch wahr.

Dann nahte die Stunde des Abschieds, und niemand außer dem, der Abschied nehmen wollte, hatte eine Ahnung. Boris Becker gegen Pete Sampras, das

IM VIERTELFINALE WAR DER NEUE COURT NO. 1 FEST IN BRITISCHER HAND, DOCH HENMAN UND RUSEDSKI VERLOREN

DER TRAUM VOM SIEG
GEPLATZT: NIEDERGESCHLAGEN
VERLIESS TIM HENMAN
DEN COURT NO. 1

Kontrastprogramm: Während Tim Henman sich schlecht fühlte, freute sich Michael Stich, als hätte er das Turnier gewonnen

sollte ein neues Kapitel in jener Serie atemberaubender Spiele werden, an deren letztes vom Weltmeisterschafts-Finale in Hannover sich viele mit leuchtenden Augen erinnerten. Ein Spiel der dreimaligen Sieger auf Wimbledons Centre Court, viel zu schade eigentlich für ein Viertelfinale.

Doch es schien, als sei seit Beckers souveränem Sieg gegen Marcelo Rios eine Woche vergangen. Er bewegte sich mühevoll und langsam und machte den Eindruck, als sei er unendlich müde. In Null Komma nichts fing er sich ein Break ein, doch bald danach fing es an zu regnen. Lag darin eine Chance?

Er nutzte die Pause auf seine Weise. Als es ihm drinnen nach einer Stunde zu laut und zu unruhig wurde, ging er hinaus, setzte sich mit einem Buch auf die Ehrentribüne und las. Hin und wieder ließ er seinen Blick über den Centre Court und seine Ränge schweifen und sah die Leute, die da unter ihren aufgespannten Schirmen hockten. Oft genug hatte er gesagt, dieser Centre Court sei sein Wohnzimmer, nun also saß er auf dem Sofa seines Wohnzimmers und las.

Als das Spiel wieder begann, änderte sich zunächst nichts. Sampras schlug weiter erschreckend gut auf, Becker kam immer noch zu spät, und bald danach hatte sich die Sache mit dem ersten Satz erledigt. Allmählich fragte man sich, was denn mit ihm los sei, denn Sampras spielte zwar auf hohem Niveau, nicht aber unwiderstehlich.

Doch dann faßte Becker Tritt. Es war ihm klar, daß er andernfalls nicht den Hauch einer Chance haben würde, und so nahm er all seine Kraft zusammen. Der zweite Satz wurde offener, besser, interessanter als der erste, und als es in den Tiebreak ging, reagierten auch die Leute auf den Rängen. Es war ein Glücksschuß, der Becker schließlich einen Satzball bescherte, er bedankte sich mit einem konzentrierten Ballwechsel für das Glück, zwang Sampras zu einem Fehler und gewann den zweiten Satz.

Die Hoffnung währte nicht lange. Sampras ließ es bald so aussehen, als sei der Verlust dieses Satzes ein Betriebsunfall, der sich nicht wiederholen würde. Man hatte den Eindruck, sein Aufschlag sei noch gefährlicher geworden, jedenfalls punktete er nach Belieben und kontrollierte das Spiel mit großer Übersicht. In nur 21 Minuten gewann er Satz Nummer drei, überstand bei 3:2-Führung im vierten bei zwei Breakbällen noch einmal ein paar Momente der Gefahr und war bald danach am Ziel. Beckers letzter Ball landete hinter der Grundlinie, und Sampras war es sichtlich zufrieden nach einem Sieg (6:1, 6:7, 6:1, 6:4), der niemals ernsthaft in Gefahr war.

Wie immer wechselten die beiden beim Händedruck ein paar freundliche Worte, doch diesmal sah es so aus, als verstehe Sampras nicht recht, was Becker ihm da sagte. Als sie sich dann nebeneinander vor den Gästen in der königlichen Loge verbeugten, sah der Sieger ein wenig verwirrt aus, der Besiegte aber lächelte. Mit großem Beifall wurden die Helden des modernen Tennis verabschiedet, und Boris Becker verbeugte sich noch zwei Mal, diesmal vor seinem Publikum. So endete die Geschichte. Die ganze Geschichte.

Streckte sich im Viertelfinale vergeblich: Trotzdem steht Nicolas Kiefer vor einer großen Zukunft

WENN DIE LUFT BRENNT

IN GESPANNTER ATMOSPHÄRE BESIEGT JANA NOVOTNA DIE EINSTIGE DOPPELPARTNERIN ARANTXA SANCHEZ VICARIO, MARTINA HINGIS IST MÜDE UND GEWINNT TROTZDEM

ŠKODA
COREL
WTA
prince
ŠKODA
prince

Arantxa Sanchez Vicario war sauer, mächtig sauer. Was hatte Jana Novotna über sie gesagt? Daß sie in Wimbledon ja noch nicht ein einziges schweres Spiel gehabt habe, daß sie sich kaum vorstellen könne, Sanchez im Finale zu sehen, und daß mit deren Vorhand nun wirklich kein Staat zu machen sei. Arantxa, die sonst so Verbindliche, fauchte zurück: „Soll sie doch selbst erstmal ein Grand-Slam-Turnier gewinnen, dann kann sie solche Sachen erzählen."

Es war weder zu übersehen noch zu überhören: Die Luft brannte vor dem Halbfinalspiel zwischen Sanchez Vicario und Novotna. Jenen beiden, die sich 1995 nach dem gemeinsamen Doppelsieg in Wimbledon noch in den Armen gelegen hatten. Doch die Zeiten waren lange vorbei; es gab keine Verbindung mehr zwischen den einstigen Partnerinnen, und vor allem Novotna stichelte immer mal wieder.

In dieser angespannten Situation also trafen sich die beiden wieder, zehn Tage, nachdem sie sich im Finale des Rasenturniers von Eastbourne das Preisgeld geteilt hatten, weil das Spiel wegen – na, was wohl? – Regens nicht beendet werden konnte. Die Eindrücke der Spiele während der Championships sprachen für Sanchez Vicario, die auf dem Weg ins Halbfinale keinen einzigen Satz verloren hatte und die nun, nach einem Tief in den Monaten zuvor, auf dem Weg zu alter Klasse war.

Es war abends um halb sieben, als der Centre Court endlich frei für sie war, und nach den Niederschlägen in den Stunden zuvor fiel nun wieder Sonne herein. Der Beginn bestätigte die Erwartungen; aggressiv und vergleichsweise offensiv ging Arantxa Sanchez Vicario die Sache an, und mit einem Break zum 3:2 verschaffte sie sich Luft. Allerdings nur für ein paar Minuten, denn Jana Novotna konterte umgehend, glich aus und wirkte nun gefährlicher als vorher.

Den Zuschauern gefiel, was sie sahen; es war die klassische Begegnung einer Angriffsspielerin und einer Grundlinienspielerin, doch ihren ganz besonderen Reiz entwickelte die Partie immer dann, wenn auch Sanchez Vicario ans Netz stürmte und sich die beiden Auge in Auge gegenüberstanden. Zunächst ging das nicht immer mit Vorteilen für Novotna aus, im Laufe der Zeit aber immer öfter.

Die Tschechin hatte Glück, daß ihr im strategisch günstigsten Moment bei 5:4-Führung das nächste Break gelang; damit hatte sie den ersten Satz in der Tasche, und auf dieser Basis spielte sie nun immer druckvoller, eindrucksvoller.

Schwer zu sagen, auf wessen Seite das Publikum stand. Die Leute waren angetan von der Präzision der einen, doch mit dem Herzen verfolgten sie die Bemühungen der nimmermüden Arantxa, die wie jedesmal mit dem Mut einer Löwin kämpfte.

Es nützte nichts. Bald führte Jana Novotna 5:1, und bei diesem Stand schlug sie vermeintlich zum letztenmal auf. Doch ausgerechnet in diesem Moment zeigte sie zum erstenmal ein Zeichen von Schwäche, gab das Aufschlagspiel ab, und man begann sich zu fragen, ob sie

Martina Hingis spazierte problemlos in ihr erstes Wimbledon-Finale

Premiere: Yayuk Basuki erreichte bei ihrem siebten Auftritt erstmals das Viertelfinale

wohl noch einmal einen Sieg nach einer so klaren Führung wie 1993 im Finale gegen Steffi Graf verspielen würde.

Nein, sie dachte nicht daran. Mit einem ihrer zahlreichen erfolgreichen Volleys beendete Novotna das Spiel, gewann 6:4, 6:2, zog damit zum zweitenmal in ihrem Leben ins Endspiel ein, und letztlich war sie es, die recht behalten hatte. Arantxa Sanchez Vicario gab neidlos zu, Novotna habe an diesem Tag besser gespielt als sie und habe es demnach verdient zu gewinnen.

Konnte sie sich aber nun vorstellen, daß die Tschechin auch das letzte Spiel dieses Turniers gewinnen würde? „Sie hat ja schon einmal im Finale gestanden, und dann hat sie's vermasselt", antwortete die Besiegte, „aber es ist mir egal, ob sie gewinnt oder verliert." Keine Frage – das Spiel war vorbei, die Fehde ging weiter.

Aber auch zwischen Martina Hingis und Anna Kournikova herrschte mal ziemlich frostige Stimmung; die beiden Teenager waren sich bei den Juniorenturnieren des öfteren über den Weg gelaufen, und sie hatten sich damals, so gut es eben ging, mit Mißachtung gestraft. Beide wußten lange schon, was zu tun ist, wenn man der Rivalin gegenübersteht: Nase hoch und keine falsche Bescheidenheit.

Doch an diesem Tag, beim ersten Halbfinalspiel zweier 16 Jahre alter Teenager in der Geschichte Wimbledons, paßte nicht viel zusammen. Martina Hingis wirkte müde nach all den Belastungen der zurückliegenden Tage – zu diesem Zeitpunkt war sie nicht nur im Einzel, sondern auch noch in Doppel und Mixed dabei. Und Anna Kournikova machte nach einer Reihe glanzvoller Auftritte nun den Eindruck, als sei sie am Ende ihrer Kraft und am Ende mit ihrem Latein. Während der Seitenwechsel saß sie auf ihrem Stuhl, spielte mit ihrem Schläger, starrte auf den Boden und wirkte auf einmal ziemlich ratlos.

So wurde es kein besonders gutes Spiel; eines, das vom ständigen Piepen des magischen Auges an der Aufschlaglinie begleitet wurde. Beide servierten mäßig bis schlecht, und so war es kein Wunder, daß der erste Satz mit sechs aufeinander folgenden Breaks begann und daß Anna Kournikova während des gesamten Spiels ein einziges Mal ein Aufschlagspiel hielt.

Schließlich gewann Martina Hingis verdient 6:3, 6:2 und machte sich auf den Weg zum nächsten Spiel, doch auch Anna Kournikova nahm etwas mit. In den Tagen der Championships war sie als beste Debütantin seit langer, langer Zeit mit Lob und Bestätigung reichlich verwöhnt worden, und es gab nichts, worüber sie sich hätte beschweren können.

Außer vielleicht über die Qualität des Rasens auf dem Centre Court, der während der Regentage unter der Plane gelitten hatte und nun wirklich nicht mehr in bestem Zustand war. Was sagte Anna Kournikova, bevor sie den Centre Court verließ, zu Martina Hingis? „Der Rasen war aber nicht gut heute." Und was antwortete Hingis? „Gestern war er noch schlechter." Teenagerthemen aus einer anderen Welt.

IM DUELL DER TEENAGER
FEHLTE ANNA KOURNIKOVA
GEGEN MARTINA HINGIS
DER RICHTIGE DURCHBLICK

MICHAEL STICH IST MIT SICH IM REINEN NACH DEM LETZTEN AUFTRITT AUF WIMBLEDONS CENTRE COURT, DEM LETZTEN SPIEL AUCH SEINER KARRIERE

GUT GELAUNT MACHT SICH MICHAEL STICH AUF DEN WEG ZUM LETZTEN MATCH SEINER GROSSEN KARRIERE

KEIN ABSCHIED, NUR EIN LETZTES SPIEL

Jeder wußte, daß er sich verabschieden wollte, doch er weigerte sich, Abschiedsstimmung zu verbreiten. „Wenn ich hier auf den Platz gehe, dann will ich gewinnen und sonst gar nichts“, sagte Michael Stich nach der ersten Runde seines letzten Wimbledon-Turniers, nach der zweiten und auch nach der dritten. „Ich bin nicht gekommen, um zurückzutreten, ich bin gekommen, um zu gewinnen.“ Zack und Ausrufezeichen – wieder mal ein Satz, der keinen Widerspruch duldete.

Er spürte, daß die Leute auch in diesem Fall andere Vorstellungen hatten als er selbst. Dachten sie wirklich, er sei noch mal an den Ort seines größten Erfolges zurückgekehrt, bloß um noch einmal auf dem Centre Court zu spielen, in anständiger Form zu verlieren und sich danach ein paar sentimentale Stunden zu gönnen?

Er erwartete mehr von sich. Er wollte es so gut machen, wie es irgend möglich war, er wollte noch einmal beweisen, daß er ein guter Rasenspieler war und daß er dieses Turnier sechs Jahre zuvor nicht dank einer Laune des Schicksals gewonnen hatte.

Je weiter er kam, desto größer wurde die Bereitschaft, ihm zu glauben. Desto größer wurden aber auch wieder die Zweifel, ob es wirklich die richtige Entscheidung war, die er da getroffen hatte. Viele, die ihn siegen sahen, fragten sich: Warum, um Himmels willen, will einer nicht mehr Tennis spielen, der immer noch zu den Besten gehört, der immer noch mit dem Ball zaubern kann, daß man nur noch schaut und staunt? Wenn all das weiter möglich war, konnte die Sache mit seiner dauerhaft verletzten Schulter wirklich aussichtslos sein?

Da war ein Schmerz, der kam und ging, aber größer noch war die Angst davor, diesen Schmerz nie mehr loszuwerden. Die Angst davor, später mit einem chronischen Leiden kein normales Leben führen zu können, wenn er jetzt nicht den Signalen seines Körpers folgte.

Und es gab noch einen anderen Grund. „Ich mag einfach nicht mehr so viel unterwegs sein", sagte Stich, „ich mag mich nicht mehr zum Training zwingen müssen, und ich mag nicht schlechter spielen, als ich es eigentlich kann."

Der Entschluß stand fest, daran gab es nichts mehr zu ändern, doch er hatte sich nicht darauf verlassen, eine gute, verständnisvolle Fee werde ihm zum Abschied ein paar schöne Spiele in Wimbledon schenken. Er hatte sich vorbereitet wie schon lange nicht mehr, jetzt war es Zeit für die letzte Ernte, und es störte ihn kein bißchen, daß die Ernte verregnet war. Auch sechs Jahre zuvor hatte es ständig geregnet, das Wetter konnte also kein so schlechtes Omen sein.

Was hatte sich denn verändert seitdem, seit jenem Sieg im Finale gegen Boris Becker? Damals hieß es, so etwas könne nur einer schaffen, der kühl bis ans Herz sei. „Blödsinn", sagte Stich, als er davon hörte, „auf dem Platz bin ich nicht der coole Typ, wie das immer dargestellt wird. Ich reg' mich wahnsinnig gern auf, und ich reg' mich auch sehr oft auf."

Er konnte sich weiß Gott nicht immer wiederfinden in dem Bild, das von ihm gezeichnet wurde: scharf kalkulierender Kopfmensch, norddeutsch und geradlinig bis zur Langeweile; ein Spieler mit außerordentlichem Talent für die richtigen Schläge und mit geringer Begabung für das Drama drumherum.

Wäre er dieser coole Typ gewesen, woher hätten dann die Tränen kommen können, die er bisweilen nach einem besonders schönen Sieg oder nach einer bitteren Niederlage vergoß? Was war mit den rührenden Liebeserklärungen, die er seiner Frau in aller Öffentlichkeit immer wieder machte? Was war mit seinen kleinen, spontanen Reden, die er bei großen Gelegenheiten hielt?

Wie da manchmal eines zum anderen gekommen war mit falschen Vorstellungen, falschen Interpretationen und schroffen Reaktionen, das wurde nun noch einmal deutlich. Nach seinem Sieg gegen Jim Courier wurde Stich von einem Briten gefragt, wie er denn den neuen Court No. 1 gefunden habe. Seine Antwort: „Er ist o.k."

„Bloß o.k.?" fragte der Brite noch mal, und dann erklärte Stich, seiner Meinung nach sei der Platz ziemlich hart, und dem Stadion fehle es noch an Atmosphäre, aber sonst sei das Stadion wirklich sehr schön. Er hatte recht, aber das nützte nichts. Wieder einmal machte der Ton die Musik, und der Brite zog beleidigt von dannen. So war es diesmal mit Michael Stich, und so ist es immer schon gewesen. Wie sagte er noch am Abend seines größten Sieges am ersten Juli-Sonntag des Jahre '91: „Ich werde immer meine Meinung sagen, auch wenn ich jetzt noch mehr anecken werde als vorher. Aber das nehme ich in Kauf. Außerdem werde ich mir meine kleine Welt erhalten und werde sie vehement verteidigen."

Nichts weniger hat er getan, auch wenn die kleine Welt ein bißchen größer geworden ist. Und er hat Tennis gespielt auf eine unnachahmlich mühelose Art, die man überall bewunderte und in Wimbledon vielleicht noch ein bißchen mehr als anderswo. Liebend gern hätte er noch einmal im Finale der All England Championships gespielt, doch dazu kam es nicht. Aber im letzten Spiel auf dem Centre Court, im letzten Spiel seiner Karriere, war er Hauptdarsteller eines Dramas, das den Leuten die Haare zu Berge stehen ließ. Er erlebte noch einmal alles, was das Spiel zu bieten hat, und er erlebte Augenblicke, bis zum Rand gefüllt mit Leidenschaft. Hätte er mehr verlangen können?

„Nein", sagte Michael Stich am gleichen Abend, „besser hätte es nicht kommen können. Auf dem Centre Court in Wimbledon, du spielst so gut, wie es besser nicht geht, dir steht einer gegenüber, der unglaublich ist, und du erlebst ein phantastisches Spiel in fünf Sätzen ..." Es bedurfte keiner weiteren Beschreibungen. Dieser Abschied, der nur ein letztes Spiel sein sollte, war ein kostbares Geschenk.

ZAUBERSCHLÄGE
GELANGEN CEDRIC PIOLINE
NICHT NUR GEGEN
MICHAEL STICH

ZWISCHEN HIMMEL UND HÖLLE

MICHAEL STICH VERABSCHIEDET SICH IM HALBFINALE IN EINEM MITREISSENDEN SPIEL GEGEN CEDRIC PIOLINE, UND PETE SAMPRAS SPART KRAFT BEIM SIEG GEGEN TODD WOODBRIDGE

ABSCHIEDSVORSTELLUNG:
MICHAEL STICH HOFFTE BIS ZULETZT
AUF SEINE CHANCE

Todd Woodbridge streckte sich vergeblich. Pete Sampras war eine Nummer zu groß für den Australier

War es denkbar, daß einer wie Todd Woodbridge Mister Perfect besiegen würde? Unabhängig davon, wie Woodbrigde selbst die Sache vor dem großen Spiel im Halbfinale gegen Pete Sampras sah, lautete die Antwort: Denkbar schon, aber wenig wahrscheinlich. Die Einschätzung hatte nichts mit fehlendem Vertrauen in die Fähigkeiten des Australiers zu tun, aber es war nun mal so, daß der am Tag zuvor vier Sätze im Einzel und vier Sätze im Doppel gespielt hatte und daß er nun mit Sicherheit nicht mehr der Frischeste war.

Gemeinsam mit Partner Mark Woodforde hatte Woodbridge in Wimbledon vier Doppeltitel in Folge gewonnen, und so wußte er, wie sich ein wichtiges Spiel anfühlt. Doch er wußte nicht mehr, wie es ist, gegen Pete Sampras zu spielen. Die letzte Begegnung lag fünf Jahre zurück, und in dieser Zeit war aus dem erstklassigen Tennisspieler Sampras der Meister aller Klassen geworden.

Bis sich der Australier an das Spiel des Meisters gewöhnt hatte, an die vertrackten Aufschläge und an dessen Fähigkeit, jeden Quadratzentimeter des Platzes zu nutzen, waren die ersten beiden Sätze schon vorüber und es stand 6:2, 6:1. Doch dann endlich gelang es ihm, sich aus seiner Befangenheit zu befreien, er knackte tatsächlich einmal den Aufschlag des anderen und glich den eigenen Aufschlagverlust aus.

So wurde zumindest aus dem dritten Satz noch ein unterhaltsames, bisweilen ausgeglichenes Spiel, und die Entscheidung fiel erst im Tiebreak. Pech für Woodbrigde, daß der Ball zu Beginn einmal an der Netzkante hängenblieb und auf seine Seite zurückfiel, aber ob es da auf ein bißchen Glück oder Pech noch ankam? Mit einem erfolgreichen zweiten Aufschlag beendete Pete Sampras die Partie (6:2, 6:1, 7:6) und kam danach zu dem Schluß, er sei wohl ziemlich gut in Form. Das konnte man so sehen.

Und Michael Stich? Sollte es das letzte Spiel werden, das vorletzte? Das waren Fragen, die er sich nicht stellte. Stich sagte, er beschäftige sich in seinem letzten Wimbledon-Jahr nur damit, so gut wie möglich zu spielen, und da war er nun, im Halbfinale gegen Cedric Pioline. Es wurde spät, bis das Spiel begann, und vielleicht dachte er in der langen Zeit des Wartens noch mal an jenes Halbfinale, in dem er Stefan Edberg sechs Jahre zuvor 4:6, 7:6, 7:6, 7:6 besiegt hatte. Von dem Schock, ein Spiel ohne eigenen Aufschlagverlust zu verlieren, hatte sich der Schwede lange nicht erholt, und falls Stich nicht daran denken sollte – er tat es immer noch.

Doch hier stand nun nicht Stefan Edberg, der ein paar Tage zuvor für seine Verdienste vom All England Club geehrt worden war, hier stand Cedric Pioline aus Paris, 28 Jahre alt, Nummer 44 der Weltrangliste und ebenso wie Stich ungesetzt. Aus Pioline wurden viele nicht schlau; manchmal spielte er so hart und unerbittlich, daß einem angst und bange werden konnte, dann wieder verschlief er ganze Spiele und man erkannte ihn kaum. Der Pioline Nummer eins hatte im Viertelfinale Greg Rusedski auseinandergenommen – und das war auch Stich nicht entgangen.

Egal, auch Stich hatte sich mit einer guten Portion Selbstvertrauen versorgt beim Sieg gegen Tim Henman, und so entwickelte sich ein Schauspiel, das auf gutem Niveau begann und knapp drei Stunden später auf atemberaubende Art endete. Es wurde das Spiel des Turniers.

Aber der Reihe nach. Verdientermaßen gewann Stich den Tiebreak des ausgeglichenen ersten Satzes; er gewann ihn lächelnd und mit leichter Hand. Doch dann folgten ein paar Doppelfehler, die alles durcheinanderbrachten, die ein Break Piolines zum 4:2 zur Folge hatten und die Stich für eine gute halbe Stunde ziemlich aus dem Konzept brachten.

Er legte sich mit Schiedsrichter Wayne McKewan an, ärgerte sich darüber, daß Pioline bei Netzrollern und Linienbällen reichlich Glück hatte, und man sah, daß er seinen Frust irgendwie loswerden mußte. Doch das betraf nur die Dinge, die sich auf seiner Seite des Netzes taten. Auf der anderen stand Pioline, schlug gewaltige Returns, servierte trickreich und unberechenbar. Während der Seitenwechsel versteckte er sich unter einem Handtuch, stopfte sich schnell noch ein Stück Banane in den Mund, erhob sich, kaute weiter, schlurfte zurück zur Grundlinie – und schlug zu wie ein Schmied.

In einer Dreiviertelstunde gewann der Franzose die Sätze zwei und drei, doch dann ging es erst richtig los. Stich hatte die Phase des Ärgerns hinter sich, nun war er wild entschlossen, sich zu wehren, und er wehrte sich auf eine Art, die bewundernswert war. Der Künstler Stich rief den Kämpfer Stich zu

Hilfe, und gemeinsam spielten sie Tennis, daß es nur so rauschte im Karton. Es gab auch filigrane Schläge und technische Feinheiten, doch es braute sich eine Form von Intensität zusammen, der sich niemand entziehen konnte.

Stich schlug im Stehen, im Fallen, im Liegen, und oft genug hatte er Mühe, im Kugelhagel vorn am Netz den Schläger festzuhalten. Pioline schlug im Stehen, im Fallen, im Liegen und so oft es ging auch im Fliegen. Schmetterbälle schlug er am liebsten im Sprung, auf jene Art, die Pete Sampras populär gemacht hatte, die an eine Mischung aus Tennis und Basketball erinnerten. Und ebenfalls an Sampras erinnerte ein Kunstschuß um den Pfosten herum, der allein die Hälfte des Eintrittsgeldes wert gewesen wäre.

Sie ließen nichts aus, und sie rissen die Leute mit. Stich kämpfte, als hinge vom Ausgang dieses Spiels der Rest seines Lebens ab, und er hatte endlich Erfolg. Als Pioline im vierten Satz beim Stand von 4:5 zum erstenmal wieder eine leichte Schwäche beim Aufschlag erkennen ließ, wehrte er zwar einen Breakball ab, doch im nächsten Aufschlagspiel gab es nichts mehr zu retten; mit einem ansatzlosen Rückhand-Return versenkte Stich jenen Breakball, der zugleich auch Satzball war. Zum erstenmal in der gesamten Partie verlor Pioline ein Aufschlagspiel, und damit war alles wieder offen.

Stich feuerte sich an, brüllte „come on" und ballte die Faust; die Leute spürten, daß er alles gab, was in ihm steckte, und sie litten mit ihm. Doch immer wieder fing er sich einen von Piolines Kontern ein, und es war ein Härtetest auf Biegen oder Brechen. Die letzten Sonnenstrahlen des Tages fielen auf die oberen Ränge, aber dieses milde Abendlicht paßte nicht zur Stimmung auf dem Centre Court. Das war jetzt ein Spiel in knallrotem Feuerschein, lodernd und voller Leidenschaft.

Und in dieser Situation, auf halbem Weg zwischen Himmel und Hölle, tat Pioline genau das Richtige. Er zwang sich dazu, das Ende des vierten Satzes sofort zu vergessen und konzentrierte sich mit aller Macht auf den Beginn des fünften. Stich dagegen ließ einen Moment lang nach, und für diesen Moment mußte er teuer bezahlen. Mit einem Doppelfehler gab er das erste Aufschlagspiel ab, und fast verzweifelt versuchte er in der folgenden halben Stunde, den Fehler wieder auszugleichen.

Er erkämpfte sich Gelegenheiten dazu, als Pioline 3:2 führte, dann noch einmal bei 4:3, doch der Franzose stemmte sich mit aller Macht dagegen. Er wußte, daß er Stich in dieser Situation nicht noch einmal zurückkommen lassen durfte, wenn er das Spiel nicht doch noch verlieren wollte.

Es war Freitagabend um halb neun, als Michael Stich zum letztenmal zur Grundlinie ging, wo es beinahe aussah wie auf einem umgepflügten Feld. Für ein paar Sekunden kam noch einmal Hoffnung auf, als Pioline nach einem Doppelfehler in Rückstand geriet, doch dann gab es nichts mehr zu retten. Den letzten Aufschlag erwischte Stich nur noch mit dem Rahmen seines Schlägers, und dann war es vorbei. Das Urteil stand auf der Anzeigetafel: 7:6, 2:6, 1:6, 7:5, 4:6.

Cedric Pioline tat einen gewaltigen Freudensprung – so sah man ihn nicht oft. Michael Stich reichte ihm danach lächelnd die Hand, legte ihm den Arm um die Schulter und sagte, daß dies sein allerletztes Spiel gewesen sei. Er verabschiedete sich vom Partner und Gegner und bedankte sich für das Spektakel.

Doch das Lächeln verschwand. Als er, beladen mit einer großen Tasche, zum Ausgang ging, spürte er mit einemmal auch die Last des Abschieds. So zog auf des Tages Schattenseite mehr als nur ein Hauch von Wehmut vorbei.

Wieder einmal konnte der Zeremonienmeister den topgesetzten Pete Sampras ansagen

HARMONIE UND EIN GLAS CHAM-PAGNER

MARTINA HINGIS GEWINNT GEGEN DIE MUTIG SPIELENDE JANA NOVOTNA UND IST MIT 16 JAHREN DIE JÜNGSTE WIMBLEDON-SIEGERIN DIESES JAHRHUNDERTS IM EINZEL

NACH VERPATZTEM START DREHTE MARTINA HINGIS DAS MATCH NOCH HERUM

Endspielzeit und endlich eine Ahnung von Sommer; der Himmel weißblau, Temperaturen um zwanzig Grad und leichter Wind. Jana Novotna hatte mittags im All England Club trainiert, Martina Hingis war trotz des schönen Wetters in der Halle geblieben. „Je öfter man spielt auf Rasen, desto schlechter wird man", meinte sie. Lag darin das Geheimrezept? Doch Rasen hin, Halle her – sie wußte nicht so recht, wie sich fühlen sollte vor dem großen Finale auf dem Centre Court.

Sie verglich die Situation mit anderen, die noch nicht lange zurücklagen; mit dem Tag des Endspiels der Australian Open in Melbourne Ende Januar oder den Stunden der Entscheidung bei den French Open Anfang Juni in Paris. In Melbourne, da schien ihr Sieg von Anfang an vorbestimmt zu sein; jeder dachte, sie würde im australischen Sommer ihren ersten Grand Slam-Titel gewinnen, sie dachte es auch, und sie machte es auch.

In Paris war sie froh, überhaupt das Finale zu erreichen nach einer unglücklichen Vorgeschichte mit einem Sturz vom Pferd, bei dem sie sich eine Knie-Operation und eine sechswöchige Pause eingehandelt hatte. Bekanntlich verlor sie dieses Finale gegen die Kroatin Iva Majoli – es war bis dahin ihre einzige Niederlage des Jahres '97.

Doch diesmal steckte sie irgendwie zwischen den Gefühlen. Einerseits war sie neugierig auf das, was kommen würde, andererseits empfand sie mit ihren 16 Jahren doch Respekt vor der spürbaren Bedeutung dieses Spiels und des Titels. Doch auch bei der weitaus erfahreneren Jana Novotna paßte nicht alles zusammen, was allerdings in erster Linie mit einer Bauchmuskelzerrung zu tun hatte, die aus dem Halbfinale gegen Arantxa Sanchez Vicario stammte. Novotna ahnte, daß ihr diese Zerrung zu schaffen machen würde, auf das Spiel selbst aber freute sie sich mit ganzem Herzen.

Diesmal, das stand fest, wollte sie die Sache anders angehen als 1993. Damals hatte sie den Titel in einem denkwürdigen Finale gegen Steffi Graf nach klarer Führung – 4:1 bei eigenem Aufschlag im dritten Satz – mit zitternder Hand noch verspielt. Doch sie bestand darauf, das Thema sei längst erledigt. „Ich bin älter geworden, und ich muß niemandem mehr etwas beweisen", sagte sie, „diesmal werde ich das Spiel ganz bestimmt mehr genießen."

Offensichtlich war Martina Hingis bei solchen Plänen die richtige Partnerin. Die fand es ganz normal, noch kurz vor der Partie in der Kabine mit der Gegnerin ein wenig zu schwatzen, während sich beide die Muskeln lockern ließen. Auch den Weg hinaus zum Centre Court genossen sie noch gemeinsam, doch danach waren die Gefühle eine

COREL
WTA
prince
prince

Zeitlang ziemlich unterschiedlicher Natur.

Denn Martina Hingis verlor nicht nur den ersten Punkt, sondern auch gleich das erste Aufschlagspiel, wenig später das zweite, und nach kaum zehn Minuten lag sie 0:4 zurück. Das hatte durchaus seine Richtigkeit, denn Jana Novotna spielte perfektes Angriffstennis. Die Tschechin schlug gut auf, rückte bei jeder Gelegenheit vor und baute sich am Netz als kaum zu überwindendes Hindernis auf.

Fräulein Martina kam sich vor wie eine Anfängerin. Sie wußte sehr wohl, daß es so nicht weitergehen konnte, wenn sie auch diesmal gewinnen wollte, doch sie fand zunächst kein Mittel, Novotna zu bremsen. Nach nur 22 Minuten war der erste Satz vorüber, und es war der erste Satzverlust für Hingis in diesem Turnier. Auf den Rängen machte sich Staunen breit.

Doch dann gelangen ihr ein paar spektakuläre Punkte, sie wurde sicherer und mutiger, und mit ihren Passierbällen richtete sie nun mehr Unheil an als zuvor. Jana Novotna spürte, daß sich die Gewichte leicht zu ihren Ungunsten verlagerten, und das machte sie ein bißchen nervös. Zeichen dieser Nervosität war ein Ball, den sie beim Stand von 2:3 aus kurzer Distanz ins Netz schob.

Martina Hingis, mit feinem Gespür für die Schwingungen in einem Spiel, erkannte, daß sie nachsetzen mußte, und sie tat es. Mit letzter Anstrengung erreichte sie einen Volley, schlug den Ball an der Gegnerin vorbei ins Feld, und dieser Schlag hatte mehrfache Wirkung. Zum einen bescherte er Hingis ein Break und damit die Führung zum 4:2, er gab ihr Selbstbewußtsein zurück, und er führte ohne größere Umwege zum Gewinn des zweiten Satzes.

Mußte man nun wieder bangen um Jana Novotna? Ein paar Minuten lang hatte es den Anschein, doch nachdem sie die Gedanken der neuen Situation angepaßt hatte, war sie bereit zu weiteren Angriffen. Sie ging 2:0 in Führung, hatte eine Chance zum 3:0, doch wieder kam Hingis mit letzter Kraft noch an den Ball und machte den Punkt.

Bis zum Ende wogten die Ereignisse hin und her. Der zunehmenden Zahl von frechen Gewinnschlägen ihrer Gegnerin versuchte Jana Novotna mit noch größerem Mut zu begegnen, und eines war längst klar: Wie immer diese Partie ausgehen sollte, diesmal würde ihr kein Mensch vorwerfen können, sie sei an ihren Nerven gescheitert.

Immer wieder griff sie an, Martina Hingis aber antwortete fast in jeder Situation mit dem richtigen Schlag. Stop und Lob, Rückhand longline und Vorhand cross, mal mit Schwung, mal mit Gefühl. In der Zeit des dritten Satzes gab es genügend Gelegenheiten herauszufinden, worin die besonderen Talente der neuen

DIESMAL VERGOSS JANA NOVOTNA KEINE TRÄNEN.
MIT IHRER LEISTUNG KONNTE SIE SEHR ZUFRIEDEN SEIN

Am Ziel ihrer Träume: Martina Hingis jubelte über ihren ersten Wimbledon-Titel (re.) und nimmt die Gratulation von Jana Novotna freudestrahlend entgegen

Nummer eins des Frauentennis lagen. Beeindruckt sagte Virginia Wade, Wimbledonsiegerin des Jahres '77, die das Spiel für die BBC im Fernsehen kommentierte: „Dieses Mädchen hat den besten Tennis-Verstand, den ich je bei einer Spielerin gesehen habe."

Der Verstand setzte sich durch. Nach einer Stunde und 50 Minuten verwandelte Martina Hingis den zweiten Matchball mit einem intelligenten, präzise berechneten Schuß zum 2:6, 6:3, 6:3, und sie freute sich hüpfend – wie es zu einer Siegerin ihres Alters paßte. Als jüngste Wimbledonsiegerin dieses Jahrhunderts im Einzel ging sie zum Netz, um die Glückwünsche der Besiegten entgegenzunehmen, und da war auch klar, daß diesmal niemand an der Schulter der Herzogin von Kent weinen würde. Denn Jana Novotna wußte sehr gut, daß sie alles versucht hatte, daß sie bis zum Schluß mutig gespielt hatte, und das machte sie stolz.

Wie es sich gehört, ging Martina Hingis dann hinüber zu den Hoheiten, plauderte ein wenig mit der Herzogin und versuchte alles so zu machen, wie sie es aus dem Fernsehen kannte. Daß Jana Novotna vom Publikum mit stärkerem Beifall belohnt wurde, verstand sie durchaus. „Wenn ich nicht selbst gespielt hätte, wäre ich auch auf ihrer Seite gewesen", sagte sie später.

Wie einst Boris Becker lief Novotna noch eine Ehrenrunde mit der kleinen Schale in der Hand, während die Siegerin mit der großen auf sie wartete. Mit den Trophäen in den Händen gingen die beiden in harmonischem Einvernehmen lächelnd hinaus, und in der Kabine stießen sie auf das Ereignis mit einem Glas Champagner an. Martina Hingis war so glücklich, wie man in einem solchen Moment sein kann, und auf das fehlende Gefühl für die Dimensionen des Ereignisses kam es wirklich nicht mehr an.

JANA NOVOTNA WIRD IM NÄCHSTEN JAHR EINEN NEUEN ANLAUF NEHMEN

YONEX
Sergio Tacchini

MISTER PERFECTS VIERTER TITEL

PETE SAMPRAS BESIEGT CEDRIC PIOLINE SCHEINBAR MÜHELOS, ERREICHT EINE STUFE MIT ROD LAVER UND NÄHERT SICH MIT GROSSEN SCHRITTEN BJÖRN BORG

Es gibt Spieler, die sind am Tag vor einem großen Endspiel nicht mehr ansprechbar. Solche, die sich wie ein Tiger im Käfig fühlen, oder jene, die den Plan der Partie in Gedanken immer wieder Punkt für Punkt durchgehen. Pete Sampras gehört zu jenen, die sich abends eine Pizza kommen lassen und zur Ablenkung noch einen Blick in den Fernseher werfen. Was aber nun tat Cedric Pioline 24 Stunden vor seinem ersten Auftritt im Finale der Championships?

Er ließ ein Fernsehteam der BBC ins Haus, plauderte höchst freundlich und verbindlich mit dem Herrn Reporter, danach erwartete er die Ankunft seiner Frau Mireille aus Paris, die nicht nur zum erstenmal nach Wimbledon, sondern überhaupt zum erstenmal nach England kam, und zum guten Ende gingen die Piolines mit allen, die zum Team gehörten, essen. Einzige Bedingung: Das Thema Tennis war tabu.

In anderen Gesellschaften wurde an diesem Abend sehr wohl über Tennis und das bevorstehende Spiel diskutiert, und der Tenor war überall der gleiche. Man gab Pioline gegen Pete Sampras, den Ersten der Weltrangliste, nur dann eine Chance, wenn er noch einmal so grandios spielen würde wie beim Sieg gegen Michael Stich. Andernfalls, auch darin herrschte Einigkeit, war ein klarer Erfolg von Mister Perfect zu erwarten, der von sieben gemeinsamen Begegnungen bis dahin noch nicht eine einzige verloren hatte. Auch in Frankreich wurden diese Fragen erörtert, denn schließlich war Pioline der erste Franzose in einem Wimbledon-Finale seit dem Sieg eines gewissen Yvon Petra anno '46. Zu einer Zeit, als der Mann von Welt auf dem Tennisplatz noch lange, weiße Hosen trug.

Nun denn, als das Finale wie immer pünktlich am Sonntag um 14 Uhr Ortszeit bei schönstem Wetter begann, da merkte man gleich, daß der Neuling Cedric Pioline nervöser war als gewöhnlich. Auf dem Schiedsrichterstuhl dagegen saß ein

WIE IMMER FAND DIE HERZOGIN VON KENT DIE RICHTIGEN WORTE FÜR DEN FINALISTEN. CEDRIC PIOLINE SPIELTE EIN FANTASTISCHES TURNIER

Routinier, den nichts aus der Ruhe bringen konnte, Gerry Armstrong. Der Brite verabschiedete sich mit diesem Finale, um danach als Supervisor für die ATP zu arbeiten, und einen sorgloseren Abschied hätte er sich schwerlich wünschen können. Pioline schlug als erster auf – Doppelfehler, und ein Raunen machte die Runde. Das konnte nichts Gutes zu bedeuten haben. Zur Beruhigung der 13.000, die sich ein spannendes Spiel wünschten, brachte der Außenseiter seinen Aufschlag dennoch durch, doch schon bald gab es neuen Anlaß, sich Sorgen um ihn zu machen. Denn mit einem Mordsreturn gelang Pete Sampras nach wenigen Minuten ein Break zum 2:1, und Schlimmeres, als derart früh im Satz in Rückstand zu geraten, konnte Pioline nicht passieren.

Leider passierte es ihm gleich dreimal in diesem Finale. Und auf der Basis seines Vorsprungs entwickelte Pete Sampras eine Form von Dominanz, die Pioline beinahe auf den Boden drückte. Er spielte nicht schlecht, gewiß nicht, doch Sampras gelang alles nach Wunsch. Nach 27 Minuten war der erste Satz vorüber, die Angelegenheit mit dem zweiten erledigte sich noch schneller, und nur für den dritten brauchte er mehr als eine halbe Stunde.

Und der Meister schlug wieder einmal auf, daß man nur staunen konnte. Imponierender als die Zahl der Asse (17) war dabei, daß er während der gesamten Partie insgesamt nicht mehr als 17 Punkte bei eigenem Aufschlag verlor – Ausdruck einer jederzeit spürbaren Überlegenheit.

Nachdem er den einzigen Breakball Piolines Mitte des dritten Satzes abgewehrt hatte, war jedem auf und am Centre Court klar, daß Pete Sampras auf dem Weg zu seinem vierten Wimbledon-Titel nach 1993, '94 und '95 nicht mehr aufzuhalten sein würde. Damit hatten sich oben in der Spielerbox offensichtlich auch Coach Pier Cherret und Mireille Pioline schon abgefunden, während in der Reihe vor ihnen eine Menge fröhlicher Gesichter zu sehen waren. Am fröhlichsten war das der aparten amerikanischen Schauspielerin Kimberley Williams – der neuen Liebe im Leben des Pete Sampras.

Miss Williams sah Mister Perfect zum erstenmal siegen; sie freute sich über jeden schönen Punkt. Und am meisten freute sie sich über jenen Aufschlag nach genau 95 Minuten, den Cedric Pioline nicht mehr returnieren konnte. Es war der letzte Aufschlag des Spiels, der dem Liebsten den Sieg einbrachte (6:4, 6:2, 6:4), eine Menge Ehre dazu und 415.000 Pfund Sterling.

Da stand Pete Sampras dann also wieder mit dem berühmten Goldpokal in den Händen, und wer sich daran erinnerte, wie müde und angegriffen er zu Beginn des Turniers ausgesehen hatte, der konnte sich nur wundern. Die Ringe unter seinen Augen waren verschwunden, es lag ein Leuchten in seinem Blick, und er wirkte so glücklich wie lange nicht mehr. Vielleicht, weil er bis auf seine Matches gegen Petr Korda und Boris Becker jedesmal überzeugend in drei Sätzen gewonnen hatte, vielleicht, weil er während des gesamten Turniers nur zweimal

Pete Sampras neue Freundin Kimberley Williams hat gut lachen. Zum ersten Mal sah sie ihn in Wimbledon triumphieren

sein Aufschlagspiel verloren hatte, und vielleicht auch ein wenig, weil Miss Williams in seiner Nähe war.

Für Cedric Pioline blieb der herzliche, tröstende Beifall des Publikums. Er brauchte ein paar Minuten, um sich von den Folgen des Spiels zu erholen, doch dann lächelte auch er und präsentierte stolz den Silberteller des Finalisten. Er wußte, daß er an diesem Tag gegen diesen Gegner nicht gewinnen konnte, und so fand er ganz allmählich wieder zurück zu einem angemessenen Gefühl von Zufriedenheit, dieses Endspiel überhaupt erreicht zu haben.

Pete Sampras aber war da schon beschäftigt mit den historischen Dimensionen seines Tuns. Dieser vierte Titel verhalf ihm zum Sprung auf jene Stufe, auf der zum Beispiel Rod Laver steht, der von ihm bewunderte Australier, Sieger der Jahre '61, '62 und '68, '69. „Mit Rod Laver in einem Satz genannt zu werden", sagte der Nachfolger hinterher fast schwärmerisch, „ein größeres Kompliment kann es doch kaum geben." Und die nächsten schmeichelhaften Komplimente sind schon in Vorbereitung. Fünf Wimbledon-Siege stehen für Björn Borg zu Buche, sieben des Briten William Charles Renshaw sind Rekord, doch der stammt aus einem anderen Jahrhundert.

Kein Problem für Pete Sampras, sich das vorzustellen, alles nur eine Frage der Zeit. Bevor er sich auf den Weg zum traditionellen Diner der Champions ins Savoy Hotel machte, sagte er: „Wenn ich gesund bleibe und immer noch Spaß habe, dann kann ich noch ein paarmal gewinnen. Im Moment habe ich das Gefühl, daß ich besser und besser werde."

Er freute sich darauf, am nächsten Morgen einen Blick in die Zeitungen zu werfen und über sich zu lesen, er habe Geschichte geschrieben. Was er sonst noch zu lesen bekam? „Die Einmann-Show" (Daily Telegraph) oder „Sampras hebt zu neuen Höhen ab" (The Times), und ein Titel gefiel ihm so gut wie der andere.

MIT SEINER ATTRAKTIVEN SPIELWEISE HAT CEDRIC PIOLINE VIELE FREUNDE HINZUGEWONNEN

Das Champions Dinner: für Pete Sampras beinahe jedes Jahr ein Pflichttermin, bei dem er sich auch schon einmal eine Zigarre genehmigt

AM ENDE FREUTEN SICH
ALLE BETEILIGTEN DES
DAMEN-DOPPELFINALES

NUMMER FÜNF FÜR MARK UND TODD

DIE AUSTRALIER WOODBRIDGE UND WOODFORDE GEWINNEN DEN FÜNFTEN DOPPELTITEL IN FOLGE, UND IM MIXED SIEGEN WIE IM JAHR ZUVOR DIE GESCHWISTER SUKOVA UND SUK

WIMBLEDON SIEGER 1997:
GIGI FERNANDEZ UND NATASCHA ZVEREVA

Alle Jahre wieder sind Todd Woodbridge und Mark Woodforde in Wimbledon das Maß aller Dinge

Kann es sein, daß jemand nervös ist, der in seinem Leben 46 Titel im Doppel gewonnen hat, der bei eigenem Aufschlag im dritten Satz 5:3 und 40:0 führt? Todd Woodbridge schlug auf, um das Finale der Championships an der Seite seines bewährten Partners Mark Woodforde gegen die Niederländer Jacco Eltingh/Paul Haarhuis zu beenden, doch um die Nase war er reichlich blaß.

Er vergab den ersten Matchball, beim zweiten schlug ein knallharter Schuß von Eltingh auf der Seite seines Partners ein, den dritten vergab wieder Woodbridge und mit einem Doppelfehler schließlich auch den gleich folgenden vierten. Erfahrung hin, Erfolge her – Todd Wooddbridge war nervös.

Der fünfte Wimbledon-Titel in Folge stand auf dem Spiel, und da ging es, abgesehen von allem anderen, um eine wahrhaft historische Tat, denn nur ein einziges mal hatte ein Doppelpaar bis dahin fünf Titel in Folge gewonnen. Doch die Serie der englischen Brüder Reggie und Laurie Doherty war im zweiten Jahr dieses Jahrhunderts zu Ende gegangen, die Woodies hingegen waren aktueller denn je.

Die Fehler des guten Todd kosteten den dritten Satz. Zumindest moralisch schienen die Niederländer nun im Vorteil zu sein, doch immer wieder fiel auf, daß sich Eltingh und Haarhuis die Sache selbst schwer machten. Denn im Gegensatz zu den taktisch äußerst clever spielenden Woodies rannten sie in Momenten der Gefahr bisweilen wie die Hasen im Zickzack über den Platz – einer hierhin, der andere dorthin und beide wieder zurück.

Jacco Eltingh und Paul Haarhuis verpaßten ihre Chance. Anstatt selbst mit einem Break im vierten Satz in Führung zu gehen, gaben sie das eigene Aufschlagspiel zum 0:2 ab, und diese Führung hielten die Gegner, bis es wieder 5:3 stand und bis Woodbridge wieder zum Matchgewinn aufschlug.

Diesmal machte er es besser. Mit einem mächtigen Schmetterball durch die Mitte beendete er das Spiel, und mit großer Erleichterung fiel er dem Partner in die Arme. In den herzlichen Beifall der Fans auf Platz eins mischte sich die nicht zu überhörende helle Kinderstimme eines kleinen blonden Jungen, der „Onkel Maaaark" brüllte und auf der Tribüne im Arm seiner Mutter begeistert klatschte. Es war Woodfordes Neffe, dem dieser Sieg besonders gut gefiel, und der rief noch immer „Onkel Maaaark", als die Sieger den Pokal schon in den Händen hielten.

Auch diesen Titel, ihren insgesamt neunten bei einem Grand Slam-Turnier, verdankten die Australier dem in Jahren gewachsenen blinden Verständnis – im Doppel bekanntlich das wertvollste Gut. Zu dieser Erkenntnis waren offensichtlich auch Gigi Fernandez und Natasha Zvereva wieder gekommen. Nach dem Gewinn ihres zwölften gemeinsamen Grand Slam-Titels hatten sich die beiden im Herbst '96 nach vier Jahren Partnerschaft in einer etwas undurchsichtigen Aktion getrennt, doch nun waren sie wieder ein Herz und eine Seele – oder auch nicht –, aber zumindest spielten sie wieder miteinander. In Wimbledon funktionierte die alte Partnerschaft nach bewährtem Muster, und im Finale gewannen Fernandez/Zvereva gegen die amerikanisch/niederländische Kombination Nicole Arendt und Manon Bollegraf.

Das letzte Spiel anno '97 gewannen die tschechischen Geschwister Helena Sukova und Cyril Suk im Finale gegen Larissa Neiland und Andrei Olhovskiy, womit ihnen das Kunststück gelang, den im Vorjahr gewonnenen Titel zu verteidigen. Damit taucht der Name Sukova nun bereits zum siebtenmal in den Siegerlisten Wimbledons auf.

Für die Suks aus Prag gab es also wieder eine Feier zum Abschluß, andere sahen eher mit gemischten Gefühlen auf die 111. Championships zurück. Karsten Braasch aus Marl, zum Beispiel. Der war im Einzel in der ersten Runde der Qualifikation ausgeschieden und hatte danach alle Hoffnungen auf Doppel und Mixed gesetzt. Wie alle mußte Braasch wegen des Regens zunächst tagelang tatenlos herumsitzen, und als es dann endlich losgehen sollte, stand er im Doppel plötzlich ohne Partner da – der Argentinier Javier Frana fiel wegen eines Hörsturzes aus.

Im Mixed gewann Braasch gemeinsam mit Barbara Rittner zwei Runden, und er machte sich Hoffnungen auf einen dritten Sieg, denn die nächste Gegnerin hieß Martina Hingis, und die hatte kaum eine Stunde vor Beginn des Mixeds den Titel im Einzel gewonnen. Vergebens gehofft; für dieses Spiel reichte die Kraft der Schweizerin noch. Sie ließ erst im folgenden, dem dritten an diesem Tag, nach, doch davon hatte Karsten Braasch leider nichts mehr. Einfach blöd gelaufen dieses Turnier, vom ersten bis zum allerletzten Tag.

CARA BLACK (RE.)
DARF DIE TROPHÄE
HOCHHALTEN.
SIE BESIEGTE
AUBRIE RIPPNER IM
JUNIORINNEN-FINALE.

EIN TAG DER ERNÜCHTERUNG

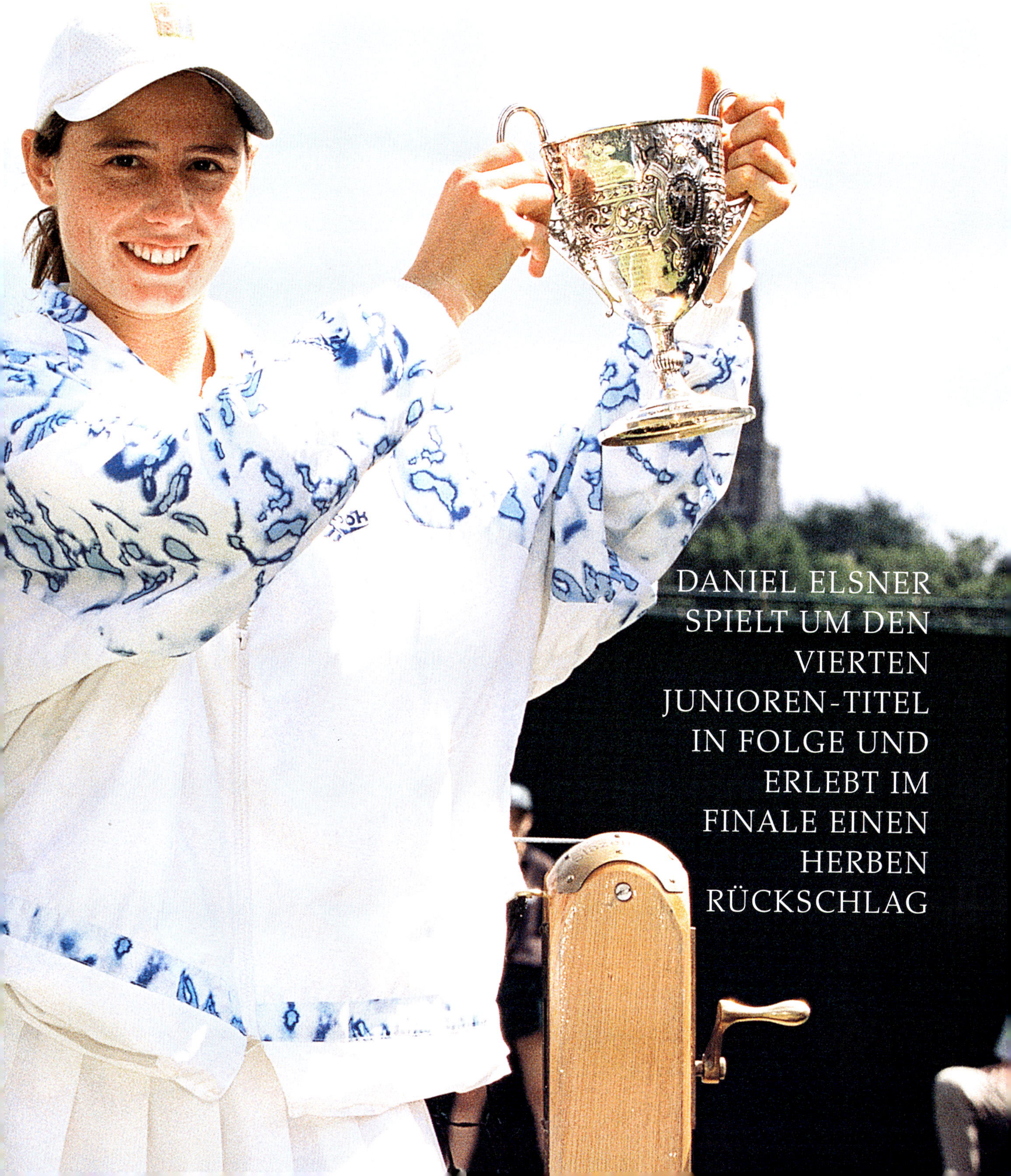

DANIEL ELSNER SPIELT UM DEN VIERTEN JUNIOREN-TITEL IN FOLGE UND ERLEBT IM FINALE EINEN HERBEN RÜCKSCHLAG

Für Daniel Elsner (unten) platzte der Traum vom Junioren Grand Slam erst im Finale gegen Wesley Whitehouse

Er kam, um Geschichte zu machen. Als erster seit Stefan Edberg anno '83 wollte der 18 Jahre alte Bayer Daniel Elsner mit einem Sieg in Wimbledon den vierten Junioren-Titel in Folge gewinnen. Nach dem Erfolg bei den US Open im September '96 hatte er Anfang '97 in Australien gewonnen, auch fünf Monate später bei den French Open in Paris war er der Beste, nun holte er aus zum Schlag Nummer vier, und die Chancen standen gut.

Es gab ein paar Leute, die meinten, mit seinen 18 Jahren solle er besser bei den Profis mitspielen, zumal er ja nun auch schon fast ein Jahr zu den Profis gehörte. Doch Elsner entgegnete: „Es macht mir einfach Spaß, und außerdem möchte ich noch ein paar Titel gewinnen." Manchmal sah es auch so aus, als werde er nicht mehr richtig gefordert, doch er meinte, das täusche von außen.

Und vielleicht hatte er recht, denn wenn einen die Gegner nicht fordern, dann kann man es immer noch selbst tun. Als Bester der Weltrangliste der Junioren war er an Nummer eins gesetzt, und alles ließ sich wunderbar an. Er gewann problemlos in der ersten, zweiten, dritten Runde, war meist schon fertig, bevor der große Regen kam, und auch, als er im Viertelfinale auf den ersten Gesetzten traf, war das kein Problem.

Zu diesem Zeitpunkt war jener 16 Jahre alte Peruaner im Einzel nicht mehr dabei, gegen den er in Paris das Finale gewonnen hatte. Dieser Luis Horna war zwar ziemlich talentiert und schien mit seiner offensiven Art durchaus für das Spiel auf Rasen geeignet zu sein, doch er war auch ein Hitzkopf der heißeren Art. Wer weiß, vielleicht hätte es etwas genützt, wenn Elsner bei der Niederlage des jüngeren Konkurrenten gegen den Franzosen Jean-René Lisnard dabeigewesen wäre. Da konnte man lernen, daß die schönsten Schläge nichts nützen, wenn man sich so sehr ärgert, daß man nicht mehr denken kann.

Denn genau das tat Elsner später im Endspiel gegen den zwei Monate jüngeren Südafrikaner Wesley Whitehouse, den er im Finale der Australian Open noch besiegt hatte. Diesmal fühlte man sich an frühere Zeiten erinnert; wie mit 16 regte er sich über jeden Fehlschlag auf, wie mit 16 schoß er die Bälle drei Meter hinter die Grundlinie, und wie mit 16 verlor er die Übersicht. Die ganze Unlust der Welt schlug sich nieder in seinem Spiel.

Selbst als er nach verlorenem ersten Satz im zweiten nach einem frühen Break in Führung lag, besserte sich seine Einstellung kaum. Whitehouse, der den gewiß nicht kleinen Elsner mit 1,93 Länge noch um etliche Zentimeter übertraf, bewahrte die Ruhe und wartete auf den nächsten Aussetzer seines ungeduldigen Gegners. Der kam, so sicher wie das Amen in der Kirche, und so verlor Daniel Elsner dieses Finale 3:6, 6:7. Als es vorbei war und er wußte, daß er das Ding ganz allein vermasselt hatte, drosch er noch einmal den Schläger auf den Rasen, daß es krachte.

So wurde es nichts aus der historischen Tat, doch an anderer Stelle gab es einen Sieg, der diesem Anspruch entsprach. Denn mit dem Erfolg der 18 Jahre alten Cara Black sowohl im Einzel gegen die ein Jahr jüngere Kalifornierin Aubrie Rippner als auch im Doppel stand zum erstenmal der Erfolg einer Spielerin aus Zimbabwe in Wimbledon fest. Kein schlechter Coup des jüngsten Mitgliedes der Tennisfamilie Black aus dem Süden Afrikas; in Caras Biographie stand unter der Rubrik „Sponsoren" der Name einer Firma und der ihres ältesten Bruders Wayne. Die Investition im privaten Kreis hatte sich gelohnt.

Cara Black setzt die Tradition der Tennisfamilie Blacks fort und holt den Junioren-Titel

AUCH IN WIMBLEDON FOLGT AUF REGEN
IMMER WIEDER SONNENSCHEIN.
MANCHMAL DAUERT ES ALLERDINGS
ETWAS LÄNGER ...

TENNISFANS AUS ALLER WELT VERFOLGEN
JEDES JAHR DIE CHAMPIONSHIPS UND UNTERSTÜTZEN
AUSSENSEITER WIE MARCELO CHARPENTIER

AUCH MARTINA HINGIS
WOLLTE NICHT AUF DIE
BERÜHMTEN
WIMBLEDON-ERDBEEREN
VERZICHTEN

Alle Einzel-Sieger der Open Ära

(Seit 1968 sind in Wimbledon auch Profis zu den Turnieren zugelassen.)

Herren:

1968 Rod Laver (Australien)
1969 Rod Laver (Australien)
1970 John Newcombe (Australien)
1971 John Newcombe (Australien)
1972 Stan Smith (USA)
1973 Jan Kodes (Tschechoslowakei)
1974 Jimmy Connors (USA)
1975 Arthur Ashe (USA)
1976 Björn Borg (Schweden)
1977 Björn Borg (Schweden)
1978 Björn Borg (Schweden)
1979 Björn Borg (Schweden)
1980 Björn Borg (Schweden)
1981 John McEnroe (USA)
1982 Jimmy Connors (USA)
1983 John McEnroe (USA)
1984 John McEnroe (USA)
1985 Boris Becker (Deutschland)
1986 Boris Becker (Deutschland)
1987 Pat Cash (Australien)
1988 Stefan Edberg (Schweden)
1989 Boris Becker (Deutschland)
1990 Stefan Edberg (Schweden)
1991 Michael Stich (Deutschland)
1992 Andre Agassi (USA)
1993 Pete Sampras (USA)
1994 Pete Sampras (USA)
1995 Pete Sampras (USA)
1996 Richard Krajicek (Niederlande)
1997 Pete Sampras (USA)

Damen:

1968 Billie Jean King (USA)
1969 P. F. Jones (Großbritannien)
1970 Margaret Court (Australien)
1971 Evonne Goolagong (Australien)
1972 Billie Jean King (USA)
1973 Billie Jean King (USA)
1974 Chris Evert (USA)
1975 Billie Jean King (USA)
1976 Chris Evert (USA)
1977 Virginia Wade (Großbritannien)
1978 Martina Navratilova (USA)
1979 Martina Navratilova (USA)
1980 Evonne Goolagong-Cawley (Australien)
1981 Chris Evert-Lloyd (USA)
1982 Martina Navratilova (USA)
1983 Martina Navratilova (USA)
1984 Martina Navratilova (USA)
1985 Martina Navratilova (USA)
1986 Martina Navratilova (USA)
1987 Martina Navratilova (USA)
1988 Steffi Graf (Deutschland)
1989 Steffi Graf (Deutschland)
1990 Martina Navratilova (USA)
1991 Steffi Graf (Deutschland)
1992 Steffi Graf (Deutschland)
1993 Steffi Graf (Deutschland)
1994 Conchita Martinez (Spanien)
1995 Steffi Graf (Deutschland)
1996 Steffi Graf (Deutschland)
1997 Martina Hingis (Schweiz)

Die häufigsten Sieger in der Open Ära

Herren:

Björn Borg (Schweden) 5 Siege
Pete Sampras (USA) 4 Siege
Boris Becker (Deutschland) 3 Siege
John McEnroe (USA) 3 Siege

Damen:

Martina Navratilova (USA) 9 Siege
Steffi Graf (Deutschland) 7 Siege
Billie Jean King (USA) 4 Siege

Die häufigsten Finalteilnahmen in der Open Ära

Herren:

Boris Becker 7mal
Björn Borg 6mal
Jimmy Connors 6mal
John McEnroe 5mal

Damen:

Martina Navratilova 12mal
Chris Evert 10mal
Steffi Graf 8mal
Billie Jean King 6mal

Alle Erfolge der Spieler seit Beginn (1877) nach Ländern (Einzel)

Britische Inseln 32, USA 30, Australien 20, Schweden 7, Frankreich 7, Deutschland 4, Neuseeland 4, Großbritannien 3, Spanien 1, Tschechoslowakei 1, Ägypten 1, Niederlande 1

Alle Erfolge der Spielerinnen seit Beginn (1884) nach Ländern (Einzel)

USA 44, Britische Inseln 29, Großbritannien 7, Deutschland 8, Frankreich 6, Australien 5, Brasilien 3, Spanien 1, Schweiz 1

Die jüngsten Sieger

Herren:

1985 Boris Becker (Deutschland)
17 Jahre, 227 Tage

Damen:

1996 Martina Hingis (Schweiz)
15 Jahre, 282 Tage (im Doppel)

Sieger Junioren- und Senioren-Wettbewerbe '96

Junioren

W. Whitehouse (Südafrika) – D. Elsner (Deutschland) 6:3, 7:6

Junioren-Doppel

L. Horna/N. Massu (Peru/Chile) – J. van de Westhuizen/W. Whitehouse (Südafrika) 6:4, 6:2

Juniorinnen

C. Black (Zimbabwe) – A. Rippner (USA) 6:3, 7:5.

Juniorinnen-Doppel

C. Black/I. Seljutina (Zimbabwe/Kasachstan) – M. Matevzic/K. Srebotnik (Slowenien) 3:6, 7:5, 6:3

Damen-Doppel über 35

J. Durie/A. Smith (GB/USA) – W. Turnbull/V. Wade (Australien/GB) 6:1, 6:1.

Herren-Doppel über 35

J. Bates/R. Krishnan (GB/Indien) – K. Curren/J. Kriek (USA) 6:4, 6:4

Herren-Doppel über 45

J. Fillol/ D. Stockton (Chile/USA) – O. Davidson/C. Drysdale (Australien/Südafrika) 6:1, 6:2

Ergebnisse Herren-Einzel

1. Runde

Nr.	Spieler	Setzung	Land
1.	P. Sampras	(1)	USA
2.	M. Tillström		SWE
3.	H. Dreekmann		GER
4.	P. Fredriksson		SWE
5.	D. Sapsford		GBR
6.	N. Pereira		VEN
7.	B. Black		ZIM
8.	P. Cash		AUS
9.	H. Holm		SWE
10.	A. O'Brien		USA
11.	N. Godwin		RSA
12.	H.-J. Davids		NED
13.	M. Rosset		SUI
14.	K. Kucera		SVK
15.	M. Filippini		URU
16.	P. Korda	(16)	TCH
17.	M. Rios	(9)	CHI
18.	M. Bhupathi		IND
19.	D. Van Scheppingen		NED
20.	R. Fromberg		AUS
21.	O. Stanoytschev		BUL
22.	J. Van Lottum		NED
23.	J. Siemerink		NED
24.	R. Furlan		ITA
25.	C. Ruud		NOR
26.	T. Haas		GER
27.	M.R.J. Petchey		GBR
28.	J. Kroslak		SVK
29.	D. Hrbaty		SVK
30.	T. Johansson		SWE
31.	M.-A. Gorriz		ESP
32.	B. Becker	(8)	GER
33.	Y. Kafelnikov	(3)	RUS
34.	J.-A. Marin		ESP
35.	M. Tebbutt		AUS
36.	J. Sanchez		ESP
37.	N. Kulti		SWE
38.	M. Sinner		GER
39.	O. Burrieza		ESP
40.	J. Stoltenberg		AUS
41.	J. Salzenstein		USA
42.	P. Baur		GER
43.	A. Wolkow		RUS
44.	N. Kiefer		GER
45.	S. Sargsian		ARM
46.	J. Van Herck		BEL
47.	F. Santoro		FRA
48.	A. Medvedev	(13)	UKR
49.	P. Rafter	(12)	AUS
50.	G. Stafford		RSA
51.	W. McGuire		USA
52.	J. Knippschild		GER
53.	C. Van Garsse		BEL
54.	Nick Weal		GBR
55.	M. Gustafsson		SWE
56.	V. Spadea		USA
57.	A. Voinea		ROM
58.	A. Radulescu		GER
59.	M. Martelli		ITA
60.	B. Karbacher		GER
61.	S. Schalken		NED
62.	M. Ondruska		RSA
63.	T. Woodbridge		AUS
64.	M. Chang	(5)	USA
65.	J. Björkman	(17)	SWE
66.	C. Wilkinson		GBR
67.	M. Woodforde		AUS
68.	L. Paes		IND
69.	A. Clement		FRA
70.	L. Milligan		GBR
71.	N. Marques		POR
72.	M. Lee		GBR
73.	K. Carlsen		DAN
74.	E. Alvarez		ESP
75.	S. Stolle		AUS
76.	C. Woodruff		USA
77.	M. Stich		GER
78.	J. Courier		USA
79.	J. Gimelstob		USA
80.	G. Kuerten	(11)	BRA
81.	T. Henman	(14)	GBR
82.	D. Nestor		CAN
83.	J. Delgado		GBR
84.	J. Golmard		FRA
85.	S. Dosedel		TCH
86.	T. Larkham		AUS
87.	S. Lareau		CAN
88.	P. Haarhuis		NED
89.	N. Lapentti		ECU
90.	F. Clavet		ESP
91.	D. Rikl		TCH
92.	D. Vacek		TCH
93.	A. Pavel		ROM
94.	F. Dewulf		BEL
95.	M. Craca		GER
96.	R. Krajicek	(4)	NED
97.	M. Philippoussis	(7)	AUS
98.	G. Rusedski		GBR
99.	S. Huet		FRA
100.	J. Stark		USA
101.	A. Richardson		GBR
102.	S. Duran		ESP
103.	J.-A. Viloca		ESP
104.	M.-K. Goellner		GER
105.	B. Ellwood		AUS
106.	D. Flach		USA
107.	G. Raoux		FRA
108.	A. Boetsch		FRA
109.	H. Arazi		MAR
110.	R. Reneberg		USA
111.	S. Bryon		USA
112.	C. Moya	(10)	ESP
113.	W. Ferreira	(15)	RSA
114.	S. Draper		AUS
115.	J. Tarango		USA
116.	R. Gilbert		FRA
117.	J. Frana		ARG
118.	M. Damm		TCH
119.	M. Charpentier		ARG
120.	C. Pioline		FRA
121.	F. Fetterlein		DAN
122.	J. Novak		TCH
123.	L. Roux		FRA
124.	B. Steven		NZL
125.	M. Norman		SWE
126.	L. Herrera		MEX
127.	D. Pescariu		ROM
128.	G. Ivanisevic	(2)	CRO

2. Runde

Spieler	Ergebnis
P. Sampras	6:4, 6:4, 6:2
H. Dreekmann	6:3, 6:4, 6:3
D. Sapsford	3:6, 6:2, 7:6, 6:3
B. Black	3:6, 7:6, 6:4, 6:4
A. O'Brien	7:6, 6:4, 7:6
N. Godwin	7:5, 7:6, 6:3
M. Rosset	7:5, 6:2, 6:3
P. Korda	4:6, 7:6, 6:1, 6:4
M. Rios	6:4, 6:4, 6:3
D. Van Scheppingen	5:7, 6:4, 3:6, 6:1, 6:4
J. Van Lottum	3:6, 2:6, 6:3, 6:1, 6:3
R. Furlan	6:7, 6:7, 6:4, 6:4, 6:4
T. Haas	6:2, 6:1, 6:2
M.R.J. Petchey	6:1, 6:2, 6:2
T. Johansson	7:5, 6:3, 6:1
B. Becker	6:3, 6:2, 6:3
Y. Kafelnikov	6:4, 6:2 6:0
J. Sanchez	3:6, 4:6, 6:4, 7:5, 14:12
N. Kulti	7:6, 6:2, 6:3
J. Stoltenberg	6:3, 6:4, 6:3
P. Baur	7:6, 3:6, 3:6, 6:4, 9:7
N. Kiefer	6:4, 6:4, 6:2
S. Sargsian	7:6, 6:2, 6:4
A. Medvedev	6:2, 6:3, 6:4
P. Rafter	2:6, 4:6 6:3, 6:2, 6:2
J. Knippschild	6:4, 6:4, 6:4
C. Van Garsse	6:1, 7:6, 7:6
M. Gustafsson	6:2, 6:1, 6:3
A. Radulescu	7:6, 3:6, 6:1, 3:6, 6:4
M. Martelli	6:4, 6:3, 6:1
M. Ondruska	3:6, 7:5, 6:0, 0:1 Aufgabe
T. Woodbrigde	7:6, 3:6, 6:2, 3:6, 8:6
C. Wikinson	7:6, 0:6, 5:7, 6:3, 6:4
M. Woodforde	6:3, 7:5, 6:4
A. Clement	2:6, 7:6 7:5, 6:2
M. Lee	7:5, 6:3, 6:3
E. Alvarez	6:7, 3:6, 6:4, 6:1, 6:2
S. Stolle	6:2, 6:2, 6:4
M. Stich	7:6, 7:5, 7:6
J. Gimelstob	6:3, 6:4, 4:6, 1:6, 6:4
T. Henman	7:6, 6:1, 6:4
J. Golmard	6:4, 6:2, 6:7, 6:2
T. Larkham	6:7, 6:3, 6:4 7:5
P. Haarhuis	6:1, 6:2, 7:6
F. Clavet	7:5, 6:1, 6:3
D. Rikl	6:1, 6:3, 6:3
A. Pavel	6:1, 4:6, 2:6, 6:2, 6:3
R. Krajicek	7:6, 6:2, 6:4
G. Rusedski	7:6, 7:6, 6:3
J. Stark	7:6, 6:7, 6:3, 6:3, 6:3
A. Richardson	7:6, 6:3, 6:3
J.-A. Viloca	7:5, 4:6, 7:6, 7:6
D. Flach	6:1, 7:6, 3:6, 6:4
G. Raoux	6:3, 6:4, 6:1
R. Reneberg	7:6, 6:4, 7:6
C. Moya	7:6, 6:3, 4:6, 6:2
W. Ferreira	6:7, 3:6, 6:4, 6:0, 7:5
R. Gilbert	3:6, 7:5, 7:6, 6:4
J. Frana	6:7, 6:4, 6:3, 6:2
C. Pioline	5:7, 6:3, 7:5, 6:2
F. Fetterlein	4:6, 3:6, 6:4, 7:6, 6:4
B. Steven	6:2, 6:2, 7:6
M. Norman	7:6, 6:1, 6:4
G. Ivanisevic	6:1, 6:3, 6:3

3. Runde

Spieler	Ergebnis
P. Sampras	7:6, 7:5, 7:5
B. Black	6:2, 7:5, 6:2
A. O'Brien	6:3, 6:3, 6:7, 7:6
P. Korda	6:3, 6:0, 7:6
M. Rios	6:2, 6:3, 6:7, 7:6
J. Van Lottum	6:3, 6:3, 6:3
M.R.J. Petchey	7:6, 6:4, 6:2
B. Becker	6:1, 6:4, 6:4
Y. Kafelnikov	6:2, 4:6, 6:3, 6:4
J. Stoltenberg	6:2, 3:6, 6:2, 6:3
N. Kiefer	7:5, 7:6, 6:1
A. Medvedev	6:1, 6:4, 6:4
P. Rafter	6:3, 4:6, 6:3, 6:0
C. Van Garsse	6:3, 6:4, 6:1
A. Radulescu	6:3, 7:5,6:4
T. Woodbridge	7:5, 6:1, 7:6
M. Woodforde	5:7, 5:7 6:2, 6:4, 6:1
A. Clement	4:6, 6:2, 6:3, 6:4
S. Stolle	6:4, 6:4, 6:4
M. Stich	7:5, 6:1, 6:1
T. Henman	7:6, 6:3, 6:3
P. Haarhuis	3:6, 6:3, 6:1, 6:2
D. Rikl	6:4, 7:6, 6:4
R. Krajicek	3:6, 6:4, 6:7, 6:3, 6:3
G. Rusedski	4:6, 6:7, 6:4, 6:3, 11:9
A. Richardson	6:3, 3:6, 6:4, 2:6, 6:2
G. Raoux	6:3, 6:7, 6:3, 6:1
R. Reneberg	6:4, 6:3, 6:3
W. Ferreira	7:6, 4:6, 6:3, 3:6, 9:7
C. Pioline	ohne Spiel
B. Steven	4:6, 7:5, 6:3, 6:2
M. Norman	6:3, 2:6, 7:6, 4:6, 14:12

1/8

Spieler	Ergebnis
P. Sampras	6:1, 6:2, 6:2
P. Korda	6:3, 4:6, 6:3, 6:7, 6:4
M. Rios	7:6, 6:3, 6:7, 6:4
B. Becker	6:3, 6:3, 6:2
Y. Kafelnikov	6:3, 7:6, 4:6, 6:3
N. Kiefer	6:4, 6:2, 6:7, 6:4
P. Rafter	7:5, 6:4, 4:6, 6:3
T. Woodbridge	6:4, 6:4, 6:4
M. Woodforde	6:2, 6:3, 6:3
M. Stich	6:3, 6:7, 6:2, 7:6
T. Henman	6:7, 6:3, 6:2, 4:6, 14:12
R. Krajicek	6:4, 6:3, 7:5
G. Rusedski	6:3, 6:4, 6:4
R. Reneberg	7:5, 6:7, 7:6, 6:3
C. Pioline	6:4, 6:3, 6:3
B. Steven	6:7, 6:2, 6:3, 6:1

1/4

Spieler	Ergebnis
P. Sampras	6:4, 6:3, 6:7, 6:7, 6:4
B. Becker	6:2, 6:2, 7:6
N. Kiefer	6:2, 7:5, 2:6, 6:1
T. Woodbridge	6:7, 6:4 7:6, 6:3
M. Stich	6:4, 6:7, 6:3, 7:5
T. Henman	7:6, 6:7, 7:6, 6:4
G. Rusedski	7:6, 6:4, 7:6
C. Pioline	3:6, 6:3, 6:4, 7:5

1/2

Spieler	Ergebnis
P. Sampras	6:1, 6:7, 6:1, 6:4
T. Woodbridge	7:6, 2:6, 6:0, 6:4
M. Stich	6:3, 6:2, 6:4
C. Pioline	6:4, 4:6, 6:4, 6:3

Finale

Spieler	Ergebnis
P. Sampras	6:2, 6:1, 7:6
C. Pioline	6:7, 6:2, 6:1, 5:7, 6:4

P. Sampras 6:4, 6:2, 6:4

Ergebnisse Damen-Einzel

1. Runde

Nr.	Spielerin	Setzung	Land
1.	M. Hingis	(1)	SUI
2.	A. Kremer		LUX
3.	P. Begerow		GER
4.	O. Barabanschikova		BLR
5.	E. Martincova		TCH
6.	L. Raymond		USA
7.	N. Arendt		USA
8.	P. Langrova		TCH
9.	L. Golarsa		ITA
10.	A. Dechaume-Balleret		FRA
11.	S. Appelmans		BEL
12.	R. Simpson		CAN
13.	S. Cacic		USA
14.	A. Frazier		USA
15.	S. Farina		ITA
16.	B. Schultz-McCarthy	(14)	NED
17.	R. Dragomir	(15)	ROM
18.	A. Glass		GER
19.	A. Ellwood		AUS
20.	M.-A. Vento		VEN
21.	G. Helgeson Nielsen		USA
22.	L. Ahl		GBR
23.	M. Maleeva		BUL
24.	J. Pullin		GBR
25.	K. Studenikova		SVK
26.	N. J. Pratt		AUS
27.	R. Zrubakova		SVK
28.	N. Feber		BEL
29.	D. Chaldkova		CZE
30.	S. Kleinova		CZE
31.	T. Jones		USA
32.	L. Davenport	(5)	USA
33.	I. Majoli	(4)	CRO
34.	M. Diaz Oliva		ARG
35.	M. Maruska		AUT
36.	A.Gersi		CZE
37.	K. Cross		GBR
38.	L. Wild		USA
39.	F. Perfetti		ITA
40.	M. Sanchez Lorenzo		ESP
41.	G. Fernandez		USA
42.	M. Oremans		NED
43.	N. Dechy		FRA
44.	L. Courtois		BEL
45.	E. Makarova		RUS
46.	T. Panova		RUS
47.	H. Nagyova		SVK
48.	I. Spirlea	(12)	ROM
49.	C. Martinez	(10)	ESP
50.	K. Habsudova		SVK
51.	Y. Yoshida		JAP
52.	R. Hiraki		JAP
53.	H. Sukova		SVK
54.	S. Siddall		GBR
55.	S. Wang		TWN
56.	L. McNeil		USA
57.	C. Rubin		USA
58.	A. Kournikova		RUS
59.	A.-G. Sidot		FRA
60.	B. Rittner		GER
61.	J. Kruger		RSA
62.	S. Deville		BEL
63.	H. Inoue		JAP
64.	A. Huber	(7)	GER
65.	A. Coetzer	(6)	RSA
66.	A. Fusai		FRA
67.	M. Saeki		JAP
68.	P. Hy-Boulais		CAN
69.	V. Williams		USA
70.	M. Grzybowska		POL
71.	B. Schett		AUT
72.	A. Carlsson		SWE
73.	A. Sugiyama		JAP
74.	Y. Basuki		INA
75.	M. Tu		USA
76.	I. Gorrochategui		ARG
77.	L. Neiland		LET
78.	N. Kijimuta		JAP
79.	K. Boogert		NED
80.	B. Paulus	(16)	AUT
81.	M.-J. Fernandez	(11)	USA
82.	N. Van Lottum		FRA
83.	A. Olsza		POL
84.	L. Nemeckova		SVK
85.	N. Sawamatsu		JAP
86.	S. Smith		GBR
87.	L. Richterova		TCH
88.	T. Tanasugarn		THA
89.	M. Endo		JAP
90.	G. Leon-Garcia		ESP
91.	C. Torrens-Valero		ESP
92.	G. Pizzichini		ITA
93.	N. Zvereva		BLR
94.	E. Likhovtseva		RUS
95.	W. Probst		GER
96.	J. Novotna	(3)	TCH
97.	A. Sanchez Vicario	(8)	ESP
98.	C. Wood		GBR
99.	E. Gagliardi		SUI
100.	C. Cristea		ROM
101.	F. Labat		ARG
102.	R. Grande		ITA
103.	E. Callens		BEL
104.	P. Suarez		ARG
105.	F. Lubiani		ITA
106.	S. Pitkowski		FRA
107.	J. Watanabe		USA
108.	M. Serna		ESP
109.	V. Ruano Pascual		ESP
110.	S. Dopfer		AUT
111.	D. Van Roost		BEL
112.	M. Pierce	(9)	FRA
113.	K. Po	(13)	USA
114.	K.-A. Guse		AUS
115.	N. Tauziat		FRA
116.	N. Miyagi		JAP
117.	L. Woodroffe		GBR
118.	P. Schnyder		SUI
119.	J Wiesner		AUT
120.	J. Kandarr		GER
121.	C. Morariu		ROM
122.	C. Taylor		GBR
123.	M. Schnitzer		GER
124.	S. Testud		FRA
125.	A. Grossman		USA
126.	K. Brandi		USA
127.	R. McQuillan		AUS
128.	M. Seles	(2)	USA

2. Runde

Spielerin	Ergebnis
M. Hingis	6:4, 6:4
O. Barabanschikova	6:3, 6:3
L. Raymond	6:4, 6:2
N. Arendt	6:2, 6:0
L. Golarsa	6:1, 4:6, 6:3
S. Appelmans	6:2, 3:6, 6:0
A. Frazier	7:5, 6:4
B. Schultz-McCarthy	4:6, 6:3, 6:2
A. Glass	5:7, 6:2, 10:8
M.-A. Vento	7:5, 6:1
G. Helgeson Nielsen	6:2, 6:4
M. Maleeva	6:1, 6:3
N.-J. Pratt	6:3, 4:6, 6:3
R. Zrubakova	6:1, 7:5
D. Chaldkova	7:6, 6:4
L. Davenport	5:7, 6:2, 6:2
I. Majoli	2:6, 6:0, 6:3
M Maruska	7:6, 6:2
K. Cross	6:4, 6:2
M. Sanchez Lorenzo	6:4, 6:4
G. Fernandez	7:6, 6:3
N. Dechy	6:7, 6:1, 6:2
E. Makarova	6:4, 4:6, 6:3
I. Spirlea	6:1, 6:0
C. Martinez	6:1, 6:2
Y. Yoshida	6:2, 6:3
H. Sukova	7:6, 6:1
S. Wang	6:1, 2:6, 7:5
A. Kournikova	6:1, 6:1
B. Rittner	7:6, 6:4
J. Kruger	7:6, 6:3
A. Huber	6:3, 6:3
A. Coetzer	7:6, 6:1
P. Hy-Boulais	6:2, 1:6, 6:2
M. Grzybowska	4:6, 6:2, 6:4
B. Schett	2:6, 6:3, 6:0
Y. Basuki	6:3, 6:0
I. Gorrochategui	6:0,6:3
N. Kijimuta	7:5, 6:2
B. Paulus	6:3, 1:6, 6:3
M.-J. Fernandez	6:2, 6:2
A. Olsza	3:6, 6:1, 6:2
N. Sawamatsu	6:1, 6:3
T. Tannasugarn	6:3, 6:1
G. Leon Garcia	6:3, 6:3
C. Torrens-Valero	1:6, 6:3, 6:4
E. Likhovtseva	6:2, 6:2
J. Novotna	6:4, 4:6, 6:0
A. Sanchez Vicario	6:0, 6:0
E. Gagliardi	3:6, 7:5, 6:1
F. Labat	6:4, 6:4
E. Callens	6:4, 6:2
S. Pitkowski	6:3, 4:6, 6:1
M. Serna	6:3, 6:1
V. Ruano Pascual	6:2, 6:2
M. Pierce	6:3, 6:4
K.-A. Guse	6:3, 5:7, 6:2
N. Tauziat	6:3, 6:4
L. Woodroffe	6:4, 6:4
J. Wiesner	7:5, 6:2
C. Morariu	6:2, 6:1
S. Testud	6:3, 6:0
K. Brandi	6:2, 7:6
M. Seles	6:0, 6:2

3. Runde

Spielerin	Ergebnis
M. Hingis	6:2, 6:2
N. Arendt	1:6, 6:4, 6:3
S. Appelmans	6:2, 6:0
B. Schultz-McCarthy	7:6, 6:3
M.-A. Vento	2:1(Aufgabe A. Glass)
M. Maleeva	7:5, 7:5
R. Zrubakova	6:4, 7:5
D. Chladkova	7:5, 6:2
Majoli	6:3, 6:3
K. Cross	6:4, 6:0
G. Fernandez	6:3, 4:6, 6:3
I. Spirlea	4:6, 6:1, 10:8
C. Martinez	6:0, 6:0
H. Sukova	6:0, 6:3
A. Kournikova	4:6, 7:6, 6:3
A. Huber	6:2, 6:0
P. Hy-Boulais	6:2, 6:1
M. Grzybowska	4:6, 6:3, 6:2
Y. Basuki	6:2, 6:0
N. Kijimuta	5:7, 6:3, 6:3
M.-J. Fernandez	6:4, 6:0
T. Tannasugarn	6:2, 6:2
G. Leon Garcia	3:6, 6:2, 6:3
J. Novotna	6:1, 4:6, 6:4
A. Sanchez Vicario	6:4, 6:2
F. Labat	6:2, 6:3
M. Serna	6:2, 6:0
M. Pierce	6:0, 2:6, 6:3
N. Tauziat	6:0, 6:3
J. Wiesner	6:2, 6:3
S. Testud	6:7, 6:3, 6:1
M. Seles	5:7, 6:3, 6:3

1/8

Spielerin	Ergebnis
M. Hingis	6:1, 6:3
S. Appelmans	6:2, 6:3
M.-A. Vento	6:2, 7:5
D. Chladkova	6:7, 6:3, 8:6
I. Majoli	4:6, 7:6, 6:4
I. Spirlea	6:3, 6:1
H. Sukova	6:4, 6:2
A. Kournikova	3:6, 6:4, 6:4
P. Hy-Boulais	6:4, 6:1
Y. Basuki	6:3, 6:2
M.-J. Fernandez	6:2, 6:4
J. Novotna	6:4, 6:2
A. Sanchez Vicario	6:1, 6:2
M. Pierce	6:4, 6:3
N. Tauziat	3:6, 6:3, 6:2
S. Testud	0:6, 6:4, 8:6

1/4

Spielerin	Ergebnis
M. Hingis	6:1, 6:3
D. Chladkova	6:1, 6:3
I. Majoli	6:7, 6:1, 9:7
A. Kournikova	2:6, 6:2, 6:3
Y. Basuki	6:0, 7:6
J. Novotna	5:7, 6:4, 7:5
A. Sanchez Vicario	6:1, 6:3
N. Tauziat	4:6, 7:5, 12:10

1/2

Spielerin	Ergebnis
Hingis	6:3, 6:2
A. Kournikova	7:6, 6:4
J. Novotna	6:3, 6:3
A. Sanchez Vicario	6:2, 7:5

Finale

Spielerin	Ergebnis
M Hingis	6:3, 6:2
J. Novotna	6:4, 6:2

M. Hingis
2:6, 6:3, 6:3

HERREN-DOPPEL

Erste Runde: Woodbridge/Woodforde – Pereira/Van Rensburg 6:1, 6:4; MacPhie/Muller – Petchey/Richardson 7:6, 6:3; Knippschild/Tarango – Bergh/Ekerot 6:4, 7:5; Connel/Davis – Nyborg/Orsanic 7:5, 5:7, 6:3; Björkman/Kulti – Siemerink/Stoltenberg 7:6, 6:3; B. Black/Gimelstob – Jones/Melville 6:4, 5:7, 6:2; Kinnear/Kitinov – Baur/Goellner 7:6, 6:7, 14:12; Leach/Stark – Fleurian/Forget 6:4, 6:3; E. Sanchez/Santoro – Kafelnikov/Vacek 6:2, 7:6; W. Black/Grabb – Lavergne/Simian 6:1, 6:4; Albano/Dosedel – Cuhna-Silva/Marques 6:7, 6:3, 7:5; Behrens/Haggard – Pimek/Talbot 4:6, 6:3, 14:12; Johnson/Montana – Cash/Reneberg 3:6, 6:3, 6:4; De Jager/Nijssen – Sapsford/Wilkinson 7:6, 6:4; Novak/Rikl – Keil/Salzenstein 7:5, 6:3; Noteboom/Wibier – Lareau/O´Brien 7:6, 3:6, 6:4; E. Ferreira/Galbraith – Middleton/Woodruff 6:4, 6:4; Olhovskiy/Steven – Delgado/Foster 4:6, 7:5, 6:1; Brandi/Messori – Bhupathi/Paes 6:4, 3:6, 6:3; Broad/Norval – Ellwood/Tramacchi 6:4, 5:7, 9:7; Damm/Vizner – Adams/Barnard 7:6, 6:4; Couto/Mota – Cowan/Weal 6:4, 7:6; Haygarth/Van Emburgh – Delaitre/Raoux 7:5, 6:2; Knowles/Nestor – Kempers/Oosting 6:3, 6:4; Philippoussis/Rafter – Jensen/Jensen 4:6, 6:3, 6:4; Holm/Holm – Lee/Trotman 6:4, 3:6, 6:3; Kronemann/MacPherson – Koenig/Rueb 6:1, 6:4; Stolle/Suk – Dilucia/Smith 6:0, 3:6, 6:4; Randall/Waite – Eagle/Florent 7:6, 6:2; Groen/Hirszon – Arthurs/Kratzmann 7:6, 6:4; Ondruska/Stafford – Mirnyi/Ullyett 6:3, 6:4; Eltingh/Haarhuis – Kilderry/Tebbutt 7:6, 7:6

Zweite Runde: Woodbridge/Woodforde – McPhie/Muller 6:4, 6:2; Knippschild/Tarango – Connell/Davis 6:4, 6:7, 6:3; Björkman/Kulti – B. Black/Gimelstob 6:2, 6:1; Leach/Stark – Kinnear/Kitinov 6:3, 7:6; W. Black/Grabb – E. Sanchez/Santoro 7:5, 6:4; Behrens/Haggard – Albano/Dosedel 7:6, 6:7, 6:4; Johnson/Montana – De Jager/Nijsson 6:2, 6:7, 6:2; Noteboom/Wibier – Novak/Rikl 6:3, 3:6, 7:5; Ferreira/Galbraith – Olhovskiy/Steven 6:3, 6:3; Broad/Norval – Brandi/Messori 7:6, 6:1; Damm/Vizner – Couto/Mota 6:4, 7:6; Knowles/Nestor – Haygarth/Van Emburgh 5:7, 6:1, 6:4; Philippoussis/Rafter – Holm/Holm 6:3, 6:4; Stolle/Suk – Kronemann/McPherson 6:3, 6:4; Groen/Hirszon – Rendall/Waite 6:7, 6:4, 6:2; Eltingh/Haarhuis – Ondruska/Stafford 6:4, 6:3

Achtelfinale: Woodbridge/Woodforde – Knippschild/Tarango 7:5, 6:4; Björkman/Kulti – Leach/Stark 6:2, 3:6, 6:3; W. Black/Grabb – Behrens/Haggard 7:5, 6:1; Johnson/Montana – Noteboom/Wibier 6:4, 6:4; Broad/Norval – E. Ferreira/Galbraith 7:6, 7:6; Damm/Vizner – Knowles/Nestor 6:4, 6:4; Philippoussis/Rafter – Stolle/Suk 6:4, 7:6; Eltingh/Haarhuis – Groen/Hirszon 7:6, 6:4

Viertelfinale: Woodbridge/Woodforde – Björkman/Kulti 2:6, 6:2, 6:3, 6:4; W. Black/Grabb – Johnson/Montana 6:4, 6:1, 6:2; Damm/Vizner – Broad/Norval 4:6, 4:6, 7:6, 6:4, 6:4; Eltingh/Haarhuis – Philippoussis/Rafter 4:6, 7:5, 3:6, 6:3, 10:8

Halbfinale: Woodbridge/Woodforde – W. Black/Grabb 7:6, 6:4, 3:6, 6:3; Eltingh/Haarhuis – Damm/Vizner 6:2, 6:2, 6:4

Finale: Woodbridge/Woodforde – Eltingh/Haarhuis 7:6, 7:6, 5:7, 6:3

DAMEN-DOPPEL

Erste Runde: G. Fernandez/Zvereva – Barabanschikova/Smith 6:2, 6:2; Kreye/Noorlander – Hy-Boulais/Studenikova – 7:6, 4:6, 6:2; Barclay/Wood – Farina/Schett 6:4, 6:3; Boogert/Spirlea – Pullin/Woodroffe 6:3, 6:2; Adams/McNeil – Pascual/Suarez 7:6, 6:3; Rittner/Van Roost – Ellwood/McQuillan 4:6, 6:1, 6:1; Cristia/Grzybowska – Carlsson/Perfetti 7:5, 6:3; M.J. Fernandez/Raymond – de Swardt/Horn 6:2, 6:1; Davenport/Novotna – Krizan/Van Lottum 6:0, 6:2; Graham/Kunce – Lutrova/Wood 6:4, 6:1; Siddall/Wainwright – Langrova/Zrubakova 6:3, 6:2; Fusai/Grande – Paz/Sidor 6:3, 6:0; Appelmans/Oremans – Dragomir/Majoli (ohne Spiel); Dechaume-Balleret/Testud – Jones/Tanasugarn 6:2, 7:6; Garrone/Pizzichini – Grossman/Habsudova 6:2, 6:4; Basuki/Vis – Jeyaseelan/Simpson 6:4, 6:2; Callens/Helgeson-Nielsen – Martinez/Tarabini 6:4, 7:5; Huber/Seles – Nideffer/Rinaldi-Stunkel 7:5, 6:3; Jones/Muric – Brioukhovets/Tatarkova 6:3, 6:1; Frazier/Po – Hiraki/Labat 7:5, 6:3; Tauziat/Wild – Coetzer/Pierce 6:1, 1:6, 10:8; Golarsa/Schnyder – Lee/Olsza 7:5, 6:3; Lugina/Wagner – Meier/Nemeckova 6:4, 4:6, 6:4; Neiland/Sukova – Montalvo/Nagoya 3:6, 6:1, 6:4; Arendt/Bollegraf – Taylor/Ward 6:4, 6:4; Park/Wang – Lake/Pleming 6:4, 6:4; Kournikova/Likhovtseva – Shriver/Smylie 3:6, 7:5, 9:7; Kijimuta/Miyagi – Csurgo/Schneider 6:4, 6:4; Rubin/Schultz-McCarthy – Probst/Sugiyama 6:1, 7:5; Saeki/Yoshida – De Lone/Pratt 6:7, 7:5, 6:4; Guse/Morariu – Bobkova/Melicharova 6:7, 7:6, 6:1; Hingis/Sanchez Vicario – Martincova/Vildova 6:2, 6:3

Zweite Runde: G. Fernandez/Zvereva – Freye/Noorlander 6:0, 6:2; Barclay/Wood – Boogert/Spirlea 4:6, 7:6, 6:4; Adams/McNeil – Rittner/Van Roost 6:3, 1:6, 6:1; M.J. Fernandez/Raymond – Cristea/Grzybowska 6:3, 6:0; Davenport/Novotna – Graham/Kunce 6:1, 6:2; Fusai/Grande – Siddall/Wainwright 6:3, 6:4; Appelmans/Oremans – Dechaume-Balleret/Testud 6:4, 6:3; Basuki/Vis – Garrone/Pizzichini 5:7, 6:4, 6:2; Callens/Helgeson-Nielsen – Huber/Seles 6:2, 6:4; Frazier/Po – Jones/Muric 6:2, 6:3; Tauziat/Wild – Golarsa/Schnyder 6:7, 7:6, 6:3; Neiland/Sukova – Lugina/Wagner 6:3, 6:2; Arendt/Bollegraf – Park/Wang 6:2, 6:0; Kijimuta/Miyagi-Kournikova/Likhovtseva 4:6, 6:2, 7:5; Rubin/Schultz-McCarthy – Saeki/Yoshida 7:6, 6:3; Hingis/Sanchez Vicario – Guse/Morariu 6:3, 6:3

Achtelfinale: G. Fernandez/Zvereva – Barclay/Wood 7:5, 7:5; M.J. Fernandez/Raymond – Adams/McNeil 6:1, 7:6; Davenport/Novotna – Fusai/Grande 6:1, 6:1; Appelmans/Oremans – Basuki/Vis 7:5, 6:1; Callens/Helgeson-Nielsen – Frazier/Po 7:6, 6:3; Neiland/Sukova – Tauziat/Wild 6:4, 6:4; Arendt/Bollegraf – Kijimuta/Miyagi 6:2, 3:6, 6:1; Hingis/Sanchez Vicario – Rubin/Schultz-McCarthy 7:6, 6:7, 13:11

Viertelfinale: G. Fernandez/Zvereva – M.J. Fernandez/Raymond 5:7, 6:4, 6:4; Appelmans/Oremans – Davenport/Novotna (ohne Spiel); Neiland/Sukova – Callens/Helgeson-Nielsen 6:4, 6:4; Arendt/Bollegraf – Hingis/Sanchez Vicario 6:4, 5:7, 6:2

Halbfinale: G. Fernandez/Zvereva – Appelmans/Oremans 6:1, 6:2; Arendt/Bollegraf – Neiland/Sukova 6:2, 3:6, 6:1

Finale: G. Fernandez/Zvereva – Arendt/Bollegraf 7:6, 6:4

MIXED

Erste Runde: Connell/Davenport – Kempers/VanLottum 4:6, 6:2, 6:2; Orsanic/Labat – Waite/Muric 6:4, 7:6; Middleton/McNeil – Noteboom/Jeyaseelan 7:6, 7:5; Mirnyi/Likhovtseva – Eagle/Vis 7:6, 6:4; Bhupathi/Hiraki – Van Rensburg/Williams 6:7, 6:3, 6:2; Messori/Perfetti – Davis/Tarabini 6:4, 6:4; Petchey/Wood – Sanchez/Sanchez Vicario 4:6 (Aufgabe Sanchez/Sanchez-Vicario); Leach/Bollegraf – Smiths/Frazier 6:3, 2:6, 6:2; Suk/Sukova – Kronemann/Rinaldi-Stunkel 6:1, 7:5; Gimelstob/Rubin – M. Jensen/Schultz-McCarthy 7:5, 6:7, 6:1; Kinnear/Miyagi – Norval/Horn 7:6, 6:3; L. Jensen/Adams – Florant/Barclay 6:7, 6:1, 13:11; Nijssen/Basuki – Pimek/Appelmans 7:5, 4:6, 6:1; Keil/Helgeson-Nielsen – Kilderry/Testud 4:6, 6:0, 6:3; Raoux/Golarsa – Talbot/Van Roost 6:3, 7:6; Adams/Fusai – Ullyet/Nideffer 6:7, 6:4, 6:2; Knowles/Kournikova – Melville/Pratt 6:4, 7:5; Paes/Dragomir – Wilkinson/Smith 4:6, 6:3, 6:1; Barnard/Boogert – Van Emburgh/Melicharova 6:2, 7:6; O´Brien/Morariu – McPherson/McQuillan 6:7, 7:6, 13:11; Albano/Paz – Kratzmann/Guse 6:2, 6:4; Arthurs/Krizan – Kitinov/Olsza 7:5, 1:6, 11:9; Nyborg/Carlsson – Bergh/Hy-Boulais 7:5, 5:7, 6:4; Olhovskiy/Neiland – Ekerot/Pleming7:6, 6:1; Stolle/M.J. Fernandez – Brandi/Dechaume-Balleret 7:6, 3:6, 7:5; Broad/De Swardt – Randall/Jones 7:5, 6:4; Sapsford/Siddall – Groen/Vildova 7:5, 7:5; Johnson/Wild – Davids/Oremans 6:3, 6:4; Braasch/Rittner – Grabb/Graham 4:6, 7:5, 15:13; K. Jones/Kunce – Haygarth/T.S. Jones 6:4, 6:3; De Jager/Hingis – Hand/Lake 6:1, 6:3; Galbraith/Raymond – W. Black/Grossman 4:6, 6:3, 7:5

Zweite Runde: Connell/Davenport – Orsanic/Labat 6:3, 6:3; Middleton/McNeil – Mirnyi/Likhovtseva 7:6, 6:4; Bhupathi/Hiraki – Messori/Perfetti 3:6, 7:5, 6:3; Leach/Bollegraf – Petchey/Wood 7:6, 6:3; Suk/Sukova – Gimelstob/Rubin 7:6, 6:1; Kinnear/Miyagi – L. Jensen/Adams 7:5, 6:4; Nijssen/Basuki – Keil/Helgeson-Nielsen 6:3, 6:4; Adams/Fusai – Raoux/Golarsa 6:3, 6:4; Paes/Dragomir – Knowles/Kournikova (ohne Spiel); Barnard/Boogert – O´Brien/Morariu 2:6, 6:4, 6:3; Arthurs/Krizan – Albano/Paz 6:4, 6:2; Olhovskiy/Neiland – Nyborg/Carlsson 7:5, 6:3; Broad/De Swardt – Stolle/M.J. Fernandez 6:3, 3:6, 6:3; Sapsford/Siddall – Johnson/Wild 6:2, 6:3; Braasch/Rittner – K. Jones/Kunce 6:2, 5:7, 6:4; De Jager/Hingis – Galbraith/Raymond 6:4, 0:6, 10:8

Achtelfinale: Connell/Davenport – Middleton/McNeil 4:6, 7:6, 6:4; Leach/Bollegraf – Bhupathi/Hiraki 6:3, 5:7, 6:4; Suk/Sukova – Kinnear/Miyagi 6:2, 7:5; Nijssen/Basuki – Adams/Fusai 6:4, 7:5; Paes/Dragomir – Barnard/Boogert 5:7, 6:3, 6:4; Olhovskiy/Neiland – Arthurs/Krizan 6:2, 7:6; Broad/De Swardt – Sapsford/Siddall 7:5, 6:3; De Jager/Hingis – Braasch/Rittner 6:4, 6:3

Viertelfinale: Connell/Davenport – Leach/Bollegraf 6:4, 6:4; Suk/Sukova – Nijssen/Basuki 6:1, 0:6, 6:4; Olhovskiy/Neiland – Paes/Dragomir 6:3, 7:6; Broad/De Swardt – De Jager/Hingis 5:7, 6:3, 6:4

Halbfinale: Suk/Sukova – Connell/Davenport 3:6, 6:2, 6:3; Olhovskiy/Neiland – Broad/De Swardt 7:6, 4:6, 6:3

Finale: Suk/Sukova – Olhovskiy/Neiland 4:6, 6:3, 6:4